道路运输事故典型案例评析

（一）

交通运输部道路运输司 编

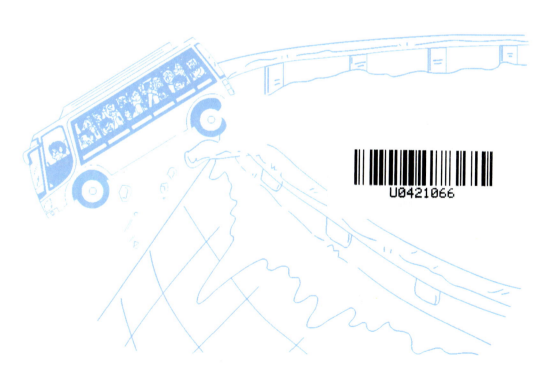

人民交通出版社
China Communications Press

内 容 提 要

本书收集了近年来发生的22个道路运输事故典型案例，涵盖超速、超载、违法驾驶故障车、酒后驾驶、行车接打手机、闯红灯及恶劣气象条件下违反安全行驶规定等类型。本书深刻剖析了事故发生的原因，总结了驾驶员违反交通安全法规和企业安全生产主体责任落实不力等方面的事故教训，对道路运输驾驶员和道路运输企业具有重要的警示作用，同时还将案例中隐含的安全驾驶常识以"小知识"的形式呈现于书中。

本书可作为道路运输驾驶员的案例培训教材，也可供道路运输企业管理人员阅读参考。

图书在版编目(CIP)数据

道路运输事故典型案例评析 .1/ 交通运输部道路运输司编 .—北京：人民交通出版社，2013.4
ISBN 978-7-114-10497-8

Ⅰ.①道… Ⅱ.①交… Ⅲ.①公路运输－交通运输事故－案例－中国 Ⅳ.① D922.145

中国版本图书馆 CIP 数据核字 (2013) 第 062353 号

Daolu Yunshu Shigu Dianxing Anli Pingxi （Yi）
书　　名：道路运输事故典型案例评析（一）
著　作　者：交通运输部道路运输司
责任编辑：何　亮
插图设计：周　亮
出版发行：人民交通出版社
地　　址：(100011) 北京市朝阳区安定门外外馆斜街 3 号
网　　址：http://www.ccpress.com.cn
销售电话：(010)59757973
总　经　销：人民交通出版社发行部
经　　销：各地新华书店
印　　刷：北京天宇万达印刷有限公司
开　　本：720×960 1/16
印　　张：9.25
字　　数：140 千
版　　次：2013 年 4 月第 1 版
印　　次：2016 年 10 月第 4 次印刷
书　　号：ISBN 978-7-114-10497-8
定　　价：36.00 元

（有印刷、装订质量问题的图书由本社负责调换）

主　　任：李　刚
副 主 任：王水平　韩　敏
委　　员：孔卫国　俞卫江　孟　秋

主　　编：王水平
副 主 编：俞卫江　范　立
主要成员：柴晓军　曹　磊　曹仁磊　顾燏鲁　黄景宇
　　　　　何　亮　李　洁　王金霞　范　坤

前 言
Qianyan

随着我国道路运输业的飞速发展，营运车辆保有量和道路运输驾驶员数量逐年增长，道路运输业在为人民群众提供方便、舒适、快捷的出行服务的同时，也潜藏着事故隐患，特别是重特大道路交通事故时有发生，严重危害了人民群众的生命财产安全，影响社会的和谐与稳定。据统计，全国2011年共发生客货运道路交通事故41902起（其中，客运事故3779起，货运事故37707起，危险化学品运输事故416起），造成19642人死亡，44922人受伤，事故起数、死亡人数和受伤人数分别占全国总数的21.14%、30.89%和20%，事故直接财产损失41176万余元。2011年全国共发生27起重特大道路交通事故，造成451人死亡，其中，营运客货车肇事23起，造成390人死亡，事故起数和死亡人数分别占总数的85.1%和86.5%。

翻阅事故资料，一桩桩血淋淋的道路交通惨案令政府忧心，社会震惊，催人泪下，发人深省。瞬间发生的事故，造成了一幕幕人间惨剧，生命逝去，家破人亡，留给世人无限的遗憾、痛苦和悲伤，使受害者的亲人永远生活在悲痛的阴影之下。

  这些事故发生的原因是多种多样的，有的是驾驶员麻痹大意、瞬间疏忽造成的，有的是由于驾驶员的违法行为导致的，还有些是驾驶员操作不规范、应急处置不当引发的。但无论什么原因，这些血的教训已经为道路运输业从业人员鸣响了安全警钟。为避免类似悲剧再次上演，交通运输部道路运输司组织有关专家编写了《道路运输事故典型案例评析（一）》一书。希望广大客货运输驾驶员朋友、道路运输企业负责人及安全管理人员认真阅读本书，从意识、行为、管理等角度，深刻吸取事故教训，强化安全意识，加强安全管理，规范操作行为，确保道路运输安全。

  公安部交通管理局、国家安全生产监督管理总局监管二司为本书编写提供了大量的基础数据与案例素材，在此，表示衷心的感谢。

目 录
Mulu

1 超速夺走的35个年轻生命
　　——滨保高速公路"10·7"特别重大道路交通事故 ………… 1

2 施工路段超速变道的可怕失控
　　——贵州省遵义县"1·29"重大道路交通事故 ………… 10

3 冰雪路超载造成的车毁人亡
　　——安徽省滁州明光市境内"1·20"重大道路交通事故 ………… 15

4 驾驶故障车导致的灾难
　　——河南省郑州市郑密路"2·28"特大道路交通事故 ………… 21

5 隧道内超速的安全隐患
　　——长深高速公路南平段"3·27"特大交通事故 ………… 28

6 冰雪道路的连环追尾
　　——哈尔滨市同三高速公路方正段"3·19"重大道路交通事故 ……… 34

7 铁路道口抢行的代价
　　——宁夏中宁县"7·11"重大铁路交通（路外）伤亡事故 ………… 41

8 侵占对向车道发生的对撞
　　——宁夏盐池县境内"8·28"特大道路交通事故 ………… 46

9 违章停车引发的车祸
　　——湖北仙桃市"7·4"特大道路交通事故 ………… 51

10 违法超车上演的客车相撞
　　——广西都安县"2·3"过境车辆特大道路交通事故 ………… 58

11 酒后驾驶超速行车之祸
　　——湖北省武汉市"8·25"重大道路交通事故 …………… 63

12 超员超速导致的连续追尾
　　——青海省海西州乌兰县"4·10"重大道路交通事故 ……… 72

13 非法改动制动系统的后果
　　——江西大广高速公路遂宁段"9·19"特大道路交通事故 ………… 79

14 高速公路上危险的躲避
　　——广西南北高速公路"2·22"过境车辆重大道路交通事故 …… 85

15 超载达121%的超速客车
　　——浙江省上虞市"10·26"重大道路交通事故 …………… 90

16 闯红灯的惨痛教训
　　——山东省济宁市"12·29"特大道路交通事故 …………… 97

17 疲劳驾驶引发的惨剧
　　——贵毕公路"5·7"特大道路交通事故 …………………… 103

18 故障车超速抢行引发群死群伤
　　——重庆北碚长生桥"4·23"特大道路交通事故 ………… 109

19 驾车接听的第25次电话
　　——云南省红河州个旧市"7·17"道路交通事故 ………… 116

20 药物副作用导致的巨大损失
　　——重庆市"10·1"特别重大道路交通事故 ……………… 122

21 台风导致的客车行驶方向偏离
　　——福建省霞浦县"7·14"特大道路交通事故 …………… 128

22 客车装运危险物品酿成的火灾
　　——河南京港澳高速公路"7·22"过境车重特大道路交通事故 …… 134

1 超速夺走的 35 个年轻生命

——滨保高速公路"10·7"特别重大道路交通事故

国庆长假过后,与家人团聚的大学生们,离开家乡踏上返校的归途,谁也不曾想到与亲人的一别就此竟成永诀。一场突如其来的车祸,瞬间夺走了35个年轻的生命。大客车超载,驾驶员超速、疲劳驾驶,临危处置不当酿成了这起令人震惊的特别重大道路交通事故。看着被高速公路波形护栏切开的大客车侧翻在公路一旁,部分高速公路护栏斜插入大客车右侧车体,伤亡乘客血肉模糊或被甩出车外,现场遍地血迹,一片惨象。每一位驾驶员在震惊、悲伤之余应该思考什么?

滨保高速公路编号为G2501,是连接河北省、天津滨海新区、北京市及山西省的一个快速通道。滨保高速公路天津段处于天津市区北部,横贯天津北部东西,穿越汉沽、宁河、北辰、武清及河北省芦台经济开发区、汉沽管理区,东起汉沽大神堂镇附近,与滨海高速公路相连,西于武清汉沽港镇与京沪高速公路相接。2011年10月7日15时46分,就在这条全线总长约93km的公路上,发生了一起令人震惊的特别重大道路交通事故。

道路运输事故典型案例评析（一）

一辆河北籍的大型普通客车执行包车运营，该车核载53人，实载55人（含2名驾乘人员），自河北省保定市开往唐山市，车上大部分乘客都是过完国庆节长假返校的大学生，当大客车沿滨保高速公路由西向东行至天津市境内60公里+700米处时，由于大客车驾驶员连续驾驶6个多小时且超速行驶，与刚刚超越的一辆山东籍的小轿车发生擦蹭撞击后向右侧翻，压靠在波形护栏上滑行62米，车窗立柱与车身骨架焊接部位断裂，车顶右侧与车身骨架开裂，断裂的护栏钢板插入车内，对乘客形成切割和撞击。造成大客车内34人当场死亡，1人经医院抢救无效死亡，19人受伤，两车不同程度损坏和部分公路设施损毁的特别重大道路交通事故。

事故直接原因

一是大客车驾驶员超速行驶、疲劳驾驶。大客车上GPS卫星定位装置记录显示，事故发生时大客车的行驶速度为115.9公里/小时，且大客车驾驶员在发现小轿车超车行驶中第一次左右调整行驶方向时，未采取有效减速措施；同时，事发当日9时15分至15时46分，大客车驾驶员连续驾车6小时31分，长时间疲劳驾驶，造成观察、操作精力不集中，反应和判断能力下降，遇紧急情况时难以正确处置，导致大客车与小轿车发生擦撞。

二是大客车驾驶员在两车碰撞后采取措施不当。两车接触后，大客车驾驶员未采取紧急制动措施，而是先向右转向后又向左急转向，导致大客车向右侧翻。

三是大客车载人超员。大客车核载53人，实载55人，超员2人，增加了客车人员伤亡，加重了事故后果。

四是小轿车驾驶员两次超车左右转向，操作错误。在超车与大客车并行过程中，小轿车驾驶员两次左右调整转向盘，致使车身右侧与大客车擦蹭撞击。

事故间接原因

一是大客车重心变化，侧向稳定性下降。事故发生时大客车处于超员载人状态，而行李舱只有少量行李，接近空载，大多数行李都在客舱内，使大客车的重心高度增加，侧倾稳定角减小，行驶中侧向稳定性下降。

二是大客车右后轮外侧轮胎爆裂。大客车在向右倾斜时右后轮外侧轮胎在重压和搓滑的双重作用下，胎面爆裂，致使右侧车身降低，大客车重心进一步右移，超过客车右侧平衡临界点，向右侧翻。

三是驾驶员和乘客均未使用安全带。大客车乘客座椅安全带其中一个缺失，其余均被人为缠绕在座椅垫下部的座椅钢架上，处于无法使用状态，在发生事故时加大了乘客的伤亡。

大客车驾驶员疲劳驾驶且超速、超载行驶，遇险情后处置不当，违反了：①《中华人民共和国道路交通安全法》（以下简称《道路交通安全法》）第二十二条第一款"机动车驾驶人应当遵守道路交通安全法律、法规的规定，按照操作规范安全驾驶、文明驾驶"。②《中华人民共和国道路交通安全法实施条例》（以下简称《道路交通安全法实施条例》）第六十二条"连续驾驶机动车超过4小时未停车休息或者停车休息时间少于20分钟"。③《道路交通安全法实施条例》第七十八条第二款"在高速公路上行驶的小型载客汽车最高车速不得超过每小时120公里，其他机动车不得超过每小时100公里"。④《道路交通安全法实施条例》第五十五条"公路载客汽车不得超过核定的载客人数"。大客车驾驶员对这起事故承担主要责任。

小轿车驾驶员超车时采取措施不当，未按操作规范安全驾驶机动车，违反了《道路交通安全法》第二十二条第一款"机动车驾驶人应当遵守道路交通安全法律、法规的规定，按照操作规范安全驾驶、文明驾驶"的规定，对这起事故承担次要责任。

道路运输事故典型案例评析（一）

> **小知识：超速行驶的危害** ◀◀◀
>
> 超速行车时，驾驶员长时间处于身心紧张状态，容易疲劳并出现操作失误；一旦遇到险情，往往反应不及时，酿成事故。车辆超速数值越高，可能发生的险情也就越多，安全系数越小，事故酿成的损失就越严重。超速行驶，极易发生碰撞、倾翻等重特大交通事故。

　　超速行驶是一种危害性极大的交通安全违法行为，严重威胁道路交通安全，由于超速造成的事故一直高居交通事故死亡人数首位，给人民群众的生命财产造成了巨大的损失。大客车在高速公路上超速行驶、疲劳驾驶、违法占道的现象屡见不鲜。我国法律规定大客车在高速公路上行驶的最高车速不能超过 100 公里/小时，高速公路每隔一段距离都设有明显的限速标志，严禁疲劳驾驶的警示牌也随处可见，以提示车辆各行其道、安全驾驶；但是有一些大客车驾驶员往往掉以轻心，视而不见，心存侥幸，我行我素，严重威胁乘客的生命财产安全。

事故评析一

　　事故发生前，大客车轧第一、第二车道分道线行驶，小轿车在大客车左后方第一车道靠右侧行驶。小轿车超车和大客车并行时正处于车道微弯处，此时大客车以 115.6 公里/小时的速度行驶，小轿车超越大客车的车速为 130 公里/小时以上。小轿车驾驶员在超越大客车时减速，并两次左右调整行驶方向，由于两车横向距离较近，导致大客车车身左侧前部与小轿车右侧后部发生擦碰撞击。如果大客车不超速占道行驶，小轿车不在大客车占道的情况下超速超车并调整行驶方向，两车横向间距就不会过近，相互擦碰撞车就可以避免。

事故评析二

大客车驾驶员超速占道行驶，在发现小轿车超车行驶第一次左右调整行驶方向时未采取减速措施。另外，事发当日大客车驾驶员连续6个多小时疲劳驾驶，也是导致大客车与小轿车发生擦撞的一个重要因素。如果大客车驾驶员按照规定时间停车休息，保持精力充沛，在发生事故前第一次险些撞上小轿车时采取措施得当，按照法定车速行驶，这起事故是完全可以避免的。

事故评析三

在大客车与小轿车发生擦碰撞击后，大客车驾驶员急向右转向，使大客车产生较大的向左离心力，造成大客车侧向不稳定并偏驶冲向右侧波形护栏。当大客车接近右侧护栏时驾驶员又急向左转向，致使大客车向右侧翻到护栏上。在巨大惯性力的作用下，断裂的波形护栏将大客车上部（侧

窗中部）切开并嵌入车厢内部，大客车在嵌套波形护栏的状态下又滑行62米，护栏在车内对大客车乘客形成切割和撞击，导致伤亡后果特别严重。如果客车驾驶员在两车发生碰撞时，先紧急制动，不向右转向又向左急转向，大客车就不会向右倾翻。

事故评析四

大客车处于超员状态，行李配载分布不均衡，使大客车行驶稳定性下降，加重了事故后果。大客车如果不超员，合理装载行李，保持较低重心，发生事故时就会减轻伤害，减少人员伤亡。

事故评析五

小轿车驾驶员超速行驶，在超车行驶与大客车并行过程中横向距离太近，并先后两次左右调整转向盘，这种不安全的错误驾驶行为，导致车身右侧与大客车擦蹭撞击。小轿车如果在大客车占道并超速行驶的情况下，保持冷静、平和的心态，不加速超车并行或不左右调整转向盘，就会避免两车擦蹭撞击。

事故评析六

大客车在向右倾斜时右后轮外侧轮胎爆裂，大客车重心右移超过车辆右侧平衡临界点造成侧翻。大客车如果右后两轮胎不是翻新胎，可能会避免外侧轮胎破裂，减少侧翻的几率。

事故评析七

大客车座椅上的安全带无法正常使用，在大客车发生事故前，驾驶员先向右再向左猛转转向盘，车辆在高速行驶过程中，乘客会先向左再向右侧车厢移动，使客车重心右移，加速了客车向右侧翻事故的发生。涌向车厢右侧的乘客被嵌入的护栏钢板切割撞击，加重了人员伤亡。如果车上乘员都能按规定系好安全带，在大客车向右倾翻时，左侧的乘客就会被固定在座椅上，可大大减少人员伤亡。

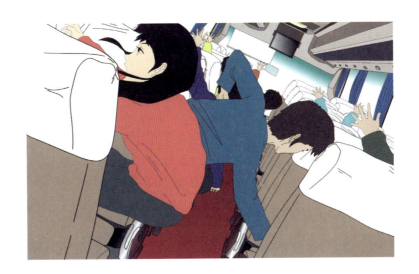

　　这起特别重大道路交通事故虽然是由于大客车驾驶员疲劳驾驶、超载、超速引发的,但同时也暴露出运输企业安全生产主体责任未落实,进而反映出相关部门安全监管和车辆营运管理存在漏洞。

　　一是驾驶员源头安全管理存在漏洞。客运企业对取得从业资格的驾驶员从没开展有效的交通安全宣传教育,肇事大客车驾驶员无交通安全教育记录,存在企业安全主体责任未落实的问题。

　　二是未严格执行客运包车相关管理规定。客运企业违反公路客运规定,在此次省际包车营运前,未申请办理《省际包车证》,就指使驾驶员出车,进行非法运输。

　　三是客车非法改装、超员载人。客运企业在肇事大客车上私自改装增

道路运输事故典型案例评析（一）

加了一排双座椅长达4年之久，导致该起事故大客车超员2人，加重了事故后果。

四是客车运行动态监管措施未有效落实。该客车9月30日至10月7日共有135次超速行驶记录，可运输企业未通过GPS卫星定位运行监控记录及时提示驾驶员并制止驾驶员超速行驶的违法行为，行驶记录仪和系统平台监控形同虚设。

小知识：安全带的作用 ◀◀◀

安全带有约束乘客身体、缓冲碰撞的作用，能吸收大量的撞击能量，化解巨大的惯性力，减轻驾驶员和乘客的伤害程度。调查表明，车辆在发生正面碰撞时，如果系了安全带，可使死亡率减少57%，侧面碰撞时可减少44%，翻车时可减少80%。

⚠ 事故警示

警示一：车辆超速行驶被称为道路交通事故第一杀手，是道路交通事故的重要诱因。"十次事故九次快"是从无数次交通事故中得出的血的教训。

警示二：驾驶大客车在高速公路上行驶，要严格遵守限速规定，在最右侧车道行驶，不要超速或占道行驶。

警示三：疲劳驾驶是高速公路行车的大忌，在高速公路上行车要遵守连续驾驶时间和停车休息时间的规定，严禁疲劳驾驶。

警示四：驾驶大客车在高速公路遇到两侧有车辆超越时，要及时减速行驶，不得向一侧急转向躲避，应做到让速不让路。

警示五：在高速公路遇到紧急情况首先要采取制动减速措施，不得在大客车高速运行状态下，向右或向左急转转向盘躲避。

警示六：驾驶客车在高速公路上遇到危险，驾驶员首先要考虑到乘客的生命财产安全，紧急避让过程中要理智，要绝对保证客车不倾翻、不碰撞、不驶出路面。

警示七：进入高速公路的大客车，安全带必须齐全有效；在高速公路上行驶时，驾驶员和乘务员要告知车上乘客必须按规定系好安全带。

警示八：轮胎的质量对安全行车事关重大，禁止使用有安全隐患的轮胎，在高速公路上行驶的大客车，前轮不得使用翻新轮胎，后轮尽量不要使用翻新轮胎。

警示九：客运企业要落实安全生产主体责任，加强对驾驶员的安全管理和教育，运用卫星定位监控系统及时提示和制止驾驶员的违法驾驶行为，要求驾驶员无论在什么情况下都要自觉遵守法律规定，谨慎驾驶，安全行车。

2 施工路段超速变道的可怕失控

——贵州省遵义县"1·29"重大道路交通事故

变窄的施工路段,加上湿滑的雪后路面,使道路的通行难度增加,稍有不慎就会引发车毁人亡的事故。施工路段虽然按照正常天气条件标准设置了限速标志、诱导标和三角锥等提示驾驶员谨慎驾驶、减速通过,而在雪后湿滑的路面上行驶还要遵守车速不得超过 30 公里/小时的法律规定。在限速路段不按规定速度行驶是安全驾驶的大忌,极易引发道路交通事故,血的事故教训理应让每位驾驶员警醒。

2008 年 1 月底的贵州,正遭遇 50 年未遇的雪凝灾害,贵遵高速公路

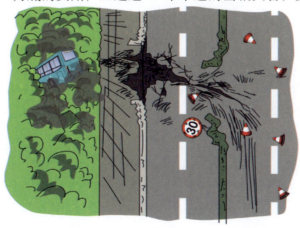

施工路段超速变道的可怕失控

两侧积雪皑皑，路面湿滑。1月28日，一辆载有40人（核载51人）的重庆籍大客车，从四川自贡市资中县方向驶往深圳市坂田。上午7时，客车行至贵遵高速公路98公里+900米（遵义市遵义县境内）施工路段时，由于客车以超过30公里/小时的车速行驶，在向左侧变道时发生侧滑，方向失控，与道路中央隔离护栏相撞后，穿过对面车道，翻到公路左侧垂直高度约50米的陡崖下，造成25人死亡，14人受伤（其中2人重伤），直接经济损失575万元的重大道路交通事故。

客车驾驶员驾车进入路面湿滑、两侧有积雪，并设有30公里/小时限速标志的施工路段时，超速向左变道致使客车与道路中央隔离护栏相撞，翻下陡崖造成事故。客车驾驶员违反了《道路交通安全法》第四十二条"机动车上道路行驶，不得超过限速标志标明的最高时速。在没有限速标志的路段，应当保持安全车速。夜间行驶或者在容易发生危险的路段行驶，以及遇有沙尘、冰雹、雨、雪、雾、结冰等气象条件时，应当降低行驶速度"的规定。客车驾驶员未按操作规范安全驾驶，操作不当，导致车辆失控发生事故，对事故负有直接责任，因涉嫌构成交通肇事罪，被移交司法机关追究刑事责任。客车承包人伪造旅游客运手续，非法进行营运，对事故负有主要责任，鉴于其已在事故中死亡，不再追究责任。

不遵守限速规定，在需要减速的交通情况和气象条件下不减速行驶都属于超速。限速标志只是最高速度限制，在这个限制条件下要根据实际情况进一步减速行驶，即便是没有限速标志的路段也得根据道路和天气情况安全减速行驶。很多驾驶员认为只要不超过标志限定的速度就没有超速，这是对限速规定的误解。

道路运输事故典型案例评析（一）

事故评析一

　　驾驶员驾驶客车在路面湿滑的路段，未保持安全车速行驶，在变更车道过程中处置不当，导致客车侧滑失控，与道路中央隔离护栏相撞后穿过对向车道翻下陡崖造成事故，是事故发生的直接原因。如果客车在该路段按照雨雪天气条件下的限速规定低速行驶，就不会发生变更车道时客车侧滑的事故。

事故评析二

　　事故发生路段（上行方向右侧）正在进行桥梁伸缩缝施工，车辆通行变为单幅双向行驶，单幅宽度为10.25米，设有变道口，并在变道口前方1公里处有限速30公里/小时的限速标志，30米处有"前方施工，车辆慢行"的警示牌。客车驾驶员如果能够严格按限速规定行驶，提前减速至30公里/小时以下，再根据冰雪路面湿滑的情况缓慢转向进入变道口，就能安全通过施工路段。

事故评析三

　　按照抗凝雪、保畅通有关要求，对发生冻凝的高速公路实行低速通行和9时至17时放行的措施。该客车在7时前就进入高速公路行驶，相关部门负有一定的管理责任。

在高速公路客车超速行驶的违法现象十分突出，直接威胁道路交通安全。这是一起因运输企业管理不力、安全制度落实不到位、驾驶员在路面湿滑状态下处置不当造成的重大道路交通责任事故，事故间接原因也值得引以为戒。

客车所在运输企业对安全工作重视不够，制度不落实，管理不力，安全教育流于形式。长期以来，客车承包人和驾驶员从不参加安全学习，企业《安全行车保证书》、《驾驶员安全学习会议签到表》等存在由他人代签名等问题。企业包车运营处于失控状态，承包人私自伪造旅游租车合同和包车线路牌等相关营运手续，非法从事跨省营运，长期存在非法客运售票点以及招揽客源乘坐非法营运车辆的问题，这些是事故发生的间接原因。

道路运输事故典型案例评析（一）

⚠️ **事故警示**

警示一：驾驶员在行车中，要严格遵守限速规定，切忌超速行驶。遇特殊天气或者特殊路段，要根据路况变化，及时降低车速，提前做好预防措施，防止意外事故发生。

警示二：在道路上变更车道时，要注意观察道路交通情况，控制好行驶速度，正确选择或变更车道，避免因转向过急导致侧滑、刮碰、碰撞等事故。

警示三：驾驶员从事营业性道路运输，必须按有关规定取得相应的道路运输从业资格，不得从事违法道路运输活动。违章驾驶长途运输车辆，一旦发生事故就会受到严肃处罚，甚至会被追究刑事责任。

警示四：企业承包经营的管理水平，主要体现在承包者的素质上，在企业经营管理水平不高、不适应市场竞争的情况下，客运企业实行单车承包经营是一种粗放型经营模式，不利于企业落实安全生产主体责任和提高管理水平，不利于对承包车经营者和驾驶员落实安全教育制度并实施有效监控，是客运企业管理中的机制性隐患。

警示五：运输企业在推行集约化公司制经营的同时，要加强对承包车辆的管理，充分利用合同管理等手段完善和落实各项规章制度，落实安全生产责任制度，不断开展安全教育工作，对道路运输驾驶员和承包车经营者加强道路交通法律、法规、职业道德的教育培训力度，确保对承包车辆可管可控。

冰雪路超载造成的车毁人亡

——安徽省滁州明光市境内"1·20"重大道路交通事故

冰雪道路路面附着系数及车辆行驶稳定性大幅降低，制动距离延长，纵向安全距离是干燥路面的三倍。在这种道路超载更是雪上加霜，危害极大，诱发了大量道路交通事故，危及人民的生命和财产安全。据统计，70%的严重道路交通事故是由于车辆超载引发的，50%的群死群伤重大道路交通事故与超载有直接关系。

江南一月，雪后天气寒冷，路面积雪结冰，一辆从苏州开往阜阳的安

道路运输事故典型案例评析（一）

徽籍大客车，满载 72 名乘客（核载人数为 51 人，超员 41%）在静谧的夜幕中以 70 公里/小时的速度行驶。车灯不停地晃动着，乘客有的在座位上打盹，有的坐在通道里临时搭置的座椅上煎熬着，谁也想不到一场灾难即将降临。2008 年 1 月 20 日 23 时 20 分左右，客车行至安徽省滁州明光市境内 G104 线 985 公里+700 米处路面结冰的弯道下坡路段，仍以 70 公里/小时的速度行驶，由于夜间行车视线不良，客车驾驶员发现对面来车时向右转向过急，客车发生侧滑而失控，顷刻间飞快冲下右侧 6 米的深坑内，一场车毁人亡的重大道路交通事故就在瞬间发生了。车上 7 人当场死亡，4 人经抢救无效相继离开人世，其余 51 名伤者被紧急送往医院。此次事故的直接经济损失高达 500 多万元。谁能想到一场交通事故瞬间会无情地吞噬掉 11 个鲜活的生命。

法律是无情的，该客车驾驶员违法超员载客、雪后路面超速行车，且故意遮挡卫星定位装置摄像头，使卫星定位装置摄像头无法正常工作，违反了：①《道路交通安全法》第四十九条"机动车载人不得超过核定的人数"。②《道路交通安全法实施条例》第四十六条"机动车行驶中遇转弯、下陡坡或在冰雪、泥泞的道路上行驶时，最高行驶速度不得超过每小时 30 公里"。客车驾驶员在这次事故中负全部责任，由于涉嫌重大事故责任罪，被司法机关依法追究刑事责任。

生命是宝贵的，人的生命只有一次，驾驶员要像珍惜自己的生命一样

冰雪路超载造成的车毁人亡

去尊重他人的生命，这才是尊重生命的真谛。一起重大的道路运输事故，使不该逝去的生命过早地离开了人世，幸福美满的生活瞬间终结，留给亲人的是永远也抹不掉的悲伤和家破人亡的痛苦。客车驾驶员的任何一个小的疏忽或错误操作，都会危及乘客生命，造成巨大的损失。

事故评析一

客车严重超载，无视法律规定，在结冰路面超速行驶，下坡转弯处不减速，安全意识淡薄，这是对乘客的生命安全极不负责任的行为。客车驾驶员如果真正把乘客的安全和生命放到头等重要位置，像珍惜自己的生命一样去尊重乘客的生命，严格遵守载客和限速规定，事故不仅可以避免，也不至于造成如此严重的后果。

小知识：车辆超载的危害

客车超载后，车辆的安全性能发生了变化，潜藏着安全隐患，严重影响行车安全，极易引发道路交通事故。车辆超载后有以下危害：

(1) 车辆载质量增大，惯性加大，制动距离延长，危险性增大。

(2) 影响车辆的转向性能，容易因转向失控而导致事故。

(3) 轮胎负荷过重、变形过大，易引发爆胎、突然偏驶、制动失灵或翻车等事故。

道路运输事故典型案例评析（一）

事故评析二

客车以70公里/小时的速度在冰雪路下坡转弯路段会车，驾驶员操作不当，转向过急，是造成客车侧滑的主要原因。冰雪路行车，稍有不慎就会发生侧滑，法律规定冰雪路行驶车速不得超过30公里/小时，这是一个驾驶员应知的最基本的常识。驾驶员如果在冰雪路将车速控制在30公里/小时以下，行至下坡弯道前再适当减速慢行，就不会因转向过急而造成客车侧滑失控。

小知识：雪地安全行车 ◀◀◀

在冰雪路面行车，"最高行驶速度不得超过每小时30公里"，有条件的要安装防滑链，以低速挡利用发动机的牵阻作用控制车速，低速行驶；跟车或会车要加大车间安全距离，有车辙的路段应循车辙行驶。在弯道或下坡路段行驶时，要降低车速，控制好转向盘，转向盘不可急转急回，以防车辆侧滑偏出道路。在结冰的道路上会车时，要提前减速，握稳转向盘，适当增大两车的横向间距，且与路边保持一定的距离，必要时可在较宽的地段停车让行。

事故评析三

客车严重超载，核载人数为51人，实载72人，超载41%。客车载质量增大，制动惯性加大，制动距离延长，转弯时稳定性变差，是造成乘客伤亡惨重的重要原因。客车严重超员，违法增加临时座位，安全隐患增大。坐在临时添加座位上的乘客，座位不牢固，又没有安全带的保护，车辆转向过急时，很容易摔倒或被甩出车外，受伤或死亡几率极大。客车如果不超载，乘客都按规定系好安全带，就会大大降低事故伤害和损失。

3.

如果客车在冰雪路面下坡转弯处低速慢行，如果客车不超载行驶，如果乘客都系好安全带，如果不是在夜间行车，这次事故是否能避免呢？翻开事故发生的前页，可以清楚地看出，这次事故的发生不是偶然的。

该客车驾驶员2001年5月10日取得A2型《机动车驾驶证》，2005年6月13日由A2型增驾为A1型，持有旅客运输驾驶员从业资格证。但在2006年5月10日至2007年2月12日不到一个驾驶年度内因交通违法累积就被扣除了16分。2007年3月16日，参加了机动车驾驶员交通违法强制学习，考试合格。2007年4月5日重新取得《机动车驾驶证》。2007年8月3日至11月27日，又因多次交通违法被罚款900元。自2007年9月驾驶客车至事故发生以来，从未参加过安全学习和安全会议。此次又违法超员载客、夜间在冰雪路面超速行车，并故意遮挡卫星定位行车监控摄像头，使卫星定位行车监控摄像头无法正常工作，恶意脱离安全监督管理，

道路运输事故典型案例评析（一）

可见该驾驶员无视法律法规，存在习惯性违法驾驶行为。

从这次事故中，还能得到什么样的教训呢？审视一下该客车及驾驶员所在的企业状况，就可以找到一些答案。该客车存在多次违章记录，客车驾驶员存在多次交通违法记录。令人费解的是像这样的驾驶员，企业还允许其继续从事长途客运，这到底是什么原因呢？经了解，驾驶员所在企业平时安全管理工作混乱，驾驶员安全学习流于形式，安全管理制度只是纸上谈兵，对有违法、违章行为的驾驶员从不按规定进行培训教育和处理，造成驾驶员安全意识差，违法行为严重，最终导致悲剧的发生。

⚠ 事故警示

警示一：客车驾驶员要时刻谨记乘客的生命高于一切，杜绝超速、超员和玩忽职守行为，以遵守法律、文明驾驶的高度责任心来保证乘客的绝对安全。

警示二：冰雪路面，要低速行车，控制好转向盘，以低速挡利用发动机的牵阻作用控制车速，转向盘不可急转急回，以防车辆侧滑偏出道路。

警示三：违法超速是导致交通事故的一个主要原因，成为道路交通事故的"罪魁祸首"，是道路交通安全的"第一杀手"。

警示四：客车超载对运输安全危害极大，严重危及乘客生命安全，容易诱发群死群伤的重特大道路交通事故。

警示五：乘车过程中乘客系好安全带，可以有效降低事故伤害。在车辆发生事故时，安全带能有效保护乘客的安全，防止发生二次人身伤害。

驾驶故障车导致的灾难

——河南省郑州市郑密路"2·28"特大道路交通事故

刚刚过完春节，又逢正月十五，有些人顾不上与家人共度传统的元宵佳节，又要踏上外出打工和返回工作、学习岗位的旅途。此时客运企业又迎来了春运中忙碌的又一高峰时节，必须采取有效措施应对客流高峰，确保旅客出行。"八月十五云遮日，正月十五雪打灯"。今年元宵节天公作美飘了一天雪花，俗话说，瑞雪兆丰年，但湿滑的道路对于劳累的汽车驾驶员无疑是雪上加霜，车辆密集的道路上潜藏着无数的安全隐患。

2010年2月28日17时35分左右，一辆由郑州驶往新密的河南籍大型客车满载乘客（核载27人，实载26人），沿郑州郑密路由东向西行驶到316省道侯寨大桥处，因在雨雪天气、湿滑路面严重超速，在向右避让其他车辆的同时急踩制动踏板，车辆突然失稳（后轴侧滑，顺时针旋转近180度），客车左前角和左侧与道路右侧桥梁护栏发生碰撞后，坠入了桥下冰冷的水库，车上连同驾驶员共19人死亡，7人受伤，车辆及路产受损。谁都想不到，在这元宵佳节的喜庆时刻，19名乘客天人永隔，19个家庭突遭横祸，痛不欲生。

道路运输事故典型案例评析(一)

事故直接原因

一是事后查明客车行车制动系统技术状况严重不良。客车左后轮制动鼓严重磨损并完全裂开(该车轮制动失效),其他各车轮制动鼓也都严重磨损,两后轮制动摩擦片不均匀磨损严重,局部已磨损至铆钉处,两前轮摩擦片厚度正常(新换摩擦片)。

二是客车后轮轮胎技术状况不良。客车两后轮轮胎花纹基本磨平。

三是客车驾驶员严重超速行驶。事故路段道路为双向四车道,混合式交通,该处桥梁车辆行驶限速40公里/小时。客车碰撞护栏前行驶速度约为68公里/小时。

驾驶员驾驶的客车制动系统技术状况严重不良、后轮轮胎早应报废,在雪天湿滑的路面上严重超速行驶,违反了:①《道路交通安全法》第二十一条"驾驶人驾驶机动车上道路行驶前,应当对机动车的安全技术性能进行认真检查;不得驾驶安全设施不全或者机件不符合技术标准等具有安全隐患的机动车"。②《道路交通安全法实施条例》第四十六条"机动车行驶中遇转弯、下陡坡或在冰雪、泥泞的道路上行驶时,最高行驶速度不得超过每小时30公里"。客车驾驶员在这次事故中负全部责任,鉴

驾驶故障车导致的灾难

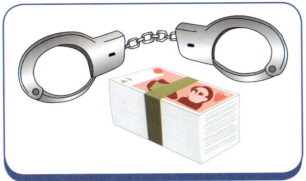

于驾驶员已在事故中死亡，无法再追究其责任。事故客车经营者（车主）只追求经济利益，使客车长期处于技术状况明显不正常的状态，未及时对有故障的客车进行维修，致使客车带"病"行驶，事故后被公安机关刑事拘留，同时面临巨额的经济赔偿。该运输企业的主要负责人在本次事故后被公安机关刑事拘留，同时面临巨额的经济赔偿及罚款。

驾驶有故障的客车，在湿滑的冰雪路面严重超速行驶，是一种严重的违法行为。企业和驾驶员为了追求经济利益，将技术状况明显不正常的车辆长期投入运营，导致了一场重大道路交通事故，损失和教训十分惨痛。

事故评析一

严重的超速行驶是导致这次事故的直接原因之一。事发大桥路段限速40公里/小时，再加上雪后路面湿滑，还应再适度降低通行车速。驾驶员如果能够时刻把安全放到第一位，在发生事故路段驾驶客车以低于30公里/小时的速度行驶，就完全可以避免事故发生。

道路运输事故典型案例评析（一）

小知识：雨雪天气应减速行驶 ◄◄◄

车辆在制动过程中，随着制动强度的增大，轮胎的侧向摩擦附着能力显著下降，若同时转向会使车辆产生离心力，引起车体甩尾现象，因此应避免在转向的同时急踩制动踏板。尤其雨雪天气道路湿滑，车辆轮胎与路面之间摩擦附着系数明显下降，车辆应减速慢行，绝不能超速行驶。路面湿滑并超速行驶，紧急情况下很容易发生车辆甩尾现象。高速状态下的车辆若甩尾时，其车体离心力将增大并加剧车辆甩尾幅度，从而使车辆出现急转滑移现象，车辆将完全失控。

事故评析二

客车行车制动系统及后轮轮胎技术状况严重不良是导致事故的直接原因之一。如果驾驶员、车主、企业有责任感，珍爱并尊重乘客的生命，哪怕有一点职业道德，都不会将故障如此严重的客车投入春运。

驾驶故障车导致的灾难

> 小知识：不要驾驶制动不良的车辆 ◀◀◀
>
> 汽车制动器技术状况不良，不仅会使车辆制动性能下降，同时会使车辆出现制动跑偏现象，车辆也容易出现侧滑甩尾现象。车辆制动器的技术状况一定要符合《汽车维护、检测、诊断技术规范》（GB/T 18344—2001）、《机动车运行安全技术条件》（GB 7258—2004）的规定。

事故评析三

驾驶员驾驶大客车超速行驶，在向右避让其他车辆的同时急踩制动踏板，由于大客车制动系统技术状况严重不良，且左后轮制动失效，使其制动后的车辆向右跑偏，再加上后轮轮胎花纹基本磨平，后车轮与路面摩擦附着能力显著下降，致使大客车发生侧滑甩尾，车辆在前冲同时又顺时针旋转，完全失控。

道路运输事故典型案例评析（一）

小知识：不要使用技术状况不良的轮胎 ◀◀◀

车辆后轮轮胎花纹磨损到磨损标记后，摩擦附着能力显著下降，尤其在湿滑路面其横向摩擦附着能力很差，很容易出现车辆侧滑甩尾现象。因此，车辆后轮轮胎的技术状况与车辆紧急制动时的制动能力和稳定性密切相关。而高速行驶车辆的前轮轮胎的技术状况则更为重要，直接关系到车辆是否随时能保持良好的转弯操控能力。

传统节日里发生这样惨痛的交通事故，对于失去亲人的家庭的打击是巨大的。事故虽然是因客车驾驶员驾驶故障客车在雪天湿滑的路面严重超速行驶造成的，但是，一些潜在的因素以及间接的原因还需要引起人们的深思。

每年春运期间客流量大，客运任务重，客车春运前的安全检查十分关键，要养成出车前、行车中、收车后检查车辆的习惯，尤其是制动、轮胎

驾驶故障车导致的灾难

要坚持经常性检查，发现安全隐患要及时排除，绝不能让故障车上路行驶。可事故车辆经营者（车主）只追求经济利益，将技术状况处于明显不正常状态的车辆长期投入运营，不及时维修故障车，这是导致事故发生的一个重要因素。事故车所在的运输企业长期对承包车辆只收管理费，不进行有效的技术与安全管理，企业所属的营运车辆大都长期处于失管状态，企业没有真正落实对参加春运客车严把技术关的规定，因此企业主要负责人员对事故发生负直接责任。

⚠ 事故警示

警示一：驾驶转向、制动、灯光、喇叭、刮水器等有故障的车辆，安全隐患大，无法保证行车安全，容易发生交通事故。

警示二：冰雪天气应减速行驶，在湿滑的冰雪路面行驶，时速不得超过30公里/小时，严禁超速行驶。

警示三：雨雪气象条件下，公路桥梁由于悬空透风，路面温度相对更低，更易结冰或因晴天积雪融化反复结冰，因此驾驶员行经桥梁时，要提前减速，注意观察，谨慎驾驶。

警示四：驾驶制动状况不良的车辆，制动能力下降，会使车辆出现制动跑偏和侧滑甩尾现象，出车前驾驶员要做好车辆安全检查工作。

警示五：轮胎磨损严重很容易导致爆胎事故，要经常检查轮胎的技术状况，及时更换技术状况不良的轮胎。

警示六：运输企业要落实安全生产主体责任，加强对车辆的安全管理，坚持对客车进行安全性能检查，发现安全隐患要及时排除，绝不能让故障车带"病"上路行驶。

隧道内超速的安全隐患

——长深高速公路南平段"3·27"特大交通事故

过去的山区道路路面狭窄、坡多而陡、弯多而急，让驾驶员胆战心惊。而今国家投入巨资修建了山区高速公路，一个个隧道、一道道山涧让天堑变通途，为道路运输提供了便利、畅通的条件和环境。高速公路隧道现已成为山区道路的中枢，缩短了空间距离，提高了穿越山区的效率。但由于很多驾驶员不了解行车通过隧道的特点，缺乏安全驾驶知识，引发了一起起交通事故。血淋淋的事故时刻提醒我们通过隧道时的行车安全不能忽视。

福建泉州，地处福建东南部，与台湾隔海相望，是我国著名的侨乡和台胞祖籍地，被誉为古代"海上丝绸之路"的起点。长春至深圳的长深高速公路全长3585公里，从福建泉州境内穿过，沿途要经过多个隧道。2009年3月27日，一辆福建籍大型普通客车，乘载25人（核载45人），从江西万年驶往福建石狮方向。16时34分，客车行至长深高速公路南平段2898公里岩角隧道时，以90公里/小时（隧道进口处设有80公里/小时限速标志）的速度通过遂道，因隧道内道路潮湿，客车超速行驶，车辆发生侧滑，隧道出口刺眼的光线让驾驶员眼前一片白茫茫，客车冲出隧道后，瞬间失去控制，直接向左碰刮道路中央隔离护栏后，又向右撞断波形护拦冲出路外掉入山谷，造成17人当场死亡，1人在送往医院途中死亡，7人受伤，车辆严

隧道内超速的安全隐患

重毁坏的特大交通事故。

客车驾驶员驾驶客车超速通过隧道，违反了：①《道路交通安全法》第二十二条"机动车驾驶人应当遵守道路交通安全法律、法规的规定，按照操作规范安全驾驶、文明驾驶"。②《道路交通安全法》第四十二条"机动车上道路行驶，不得超过限速标志标明的最高时速。在没有限速标志的路段，应当保持安全车速"。客车驾驶员对事故的发生负有直接责任，因涉嫌交通肇事罪，移交司法机关依法追究刑事责任。由于事故重大，企业和其他相关人员分别受到行政处分和经济处罚。

穿过山区的高速公路，都会经过大大小小的隧道，由于隧道内通风条件差，路面潮湿，暗藏着事故隐患。另外，高速公路隧道内外路面反差大，内外光线明暗变化剧烈，对驾驶员视觉影响较大，超速行驶很容易造成驾驶操作失控或应急处置失当，引发车辆失控、侧滑等事故。

道路运输事故 典型案例评析（一）

事故评析一

驾驶员驾驶客车在设有 80 公里/小时限速标志、路面潮湿的隧道内以 90 公里/小时的速度超速行驶，操作失控，导致客车发生侧滑冲出隧道掉入山谷，这是事故发生的主要原因。高速公路的隧道出入口处，都按照干燥路面设有限速标志和解除限速标志。客车在湿滑的隧道内行驶，应

小知识：隧道安全行车提示

（1）驾驶员驾驶车辆进入隧道后，人眼的适应时间大约为 10 秒，为弥补这一缺陷，必须在进隧道前提前降低车速，才能适应隧道内的灯光等环境。

（2）驾驶员驾驶车辆行至隧道入口前约 50 米，开启前照灯、示廓灯、尾灯，及时观察车速表，以不高于隧道口标志规定的速度进入隧道。

（3）驾驶客车进入隧道后，要遵守限速规定，跟车要保持安全距离，不要随意超车、变道、停车、鸣喇叭。

（4）在隧道内驾驶时要集中精力，一旦遇到意外情况不要慌张，首先采取减速措施，待车速降低后再转向避让。

（5）驾驶车辆驶出隧道前，要预先注意出口标志，观察隧道外的路面状况，保持精力集中，操作规范，安全驶出隧道。

隧道内超速的安全隐患

该按照雨天要求进一步降低车速。驾驶员如果严格遵守限速规定，在路面湿滑的隧道内适当减速，保持安全速度行驶，客车就不会侧滑。

事故评析二

高速公路隧道内，路面见不到阳光，通风条件不良，时常处于潮湿状态，造成路面摩擦系数降低，尤其雨天气象条件下，车辆带进隧道内的泥水使路面更加湿滑。一些装有淋水装置的车辆将车上的油污淋到隧道内的路面上，加重水和油污的浑浊，这些都是导致事故发生的隐患。

事故评析三

驾驶客车进入隧道、驶出隧道的瞬间，分别有一个眼睛暗适应和明适应的过程。驾驶客车穿行隧道时，由于驾驶员视觉无法立即适应明暗的急剧变化，容易发生视觉障碍，尤其在驶出隧道口的瞬间，刺眼的光线容易造成操作失误，危及行车安全。驾

道路运输事故典型案例评析（一）

驶员在进出隧道时，提前开闭前照灯，减速慢行，待眼睛适应后再转入正常速度行驶，就会避免因不适应而影响正常操作。

> **小知识：眼睛的明适应和暗适应** ◀◀◀
>
> 驾驶车辆从光亮处进入黑暗处时，开始一切都看不见，经过一段时间才能逐渐看清轮廓，这是暗适应现象。相反，从暗处进入亮处时，也会出现什么也看不清的一瞬间，几秒到几十秒后才能看清物体，这是明适应现象。

客车碰撞左右两侧波形护拦，冲出路外掉入山谷的主要原因是驾驶员在路面湿滑的隧道内超速行驶，在隧道出口处不能够理智地控制车辆。另外，客车所属企业管理混乱、安全责任不落实，也是事故发生的重要潜在因素。

客车驾驶员在隧道内没有按湿滑路面要求控制车速，可以理解为专业知识匮乏，不知道会出现侧滑现象。可是，驾驶员不遵守限速标志行驶，这显然是一种明知故犯的违法行为。驾驶员为什么会置法律规定于不顾，驾驶客车超速通过路面湿滑的隧道？究其原因一是企业对驾驶员教育管理制度不落实。驾驶员所在企业制定的《驾驶员安全生产奖惩制度》明确规定，驾驶员未参加每月一次安全学习活动的，每次罚款100元，累计三次将取消其驾驶企业客车的资格。可是该客车驾驶员，两年期间只有两次签到，但企业未按照规定对三次未参加教育的驾驶员进行相应的处理。二是客运车辆卫星定位装置使用和管理失控。事故单位卫星定位装置监控工作

隧道内超速的安全隐患

管理混乱，卫星定位装置工作站无人值班，无监控，无交接班情况等记录；企业对卫星定位装置采用抽查的方式进行管理，一般每天只抽查 2～3 辆客车的卫星定位装置终端使用情况。三是该肇事车辆卫星定位装置终端已欠费双停。

> ⚠ **事故警示**
>
> 警示一：驾驶机动车通过隧道时，要严格遵守限速规定，尤其要考虑到隧道内可能存在路面湿滑、视线受阻、附着系数减小、制动距离增大等安全隐患，保持安全速度行驶。
>
> 警示二：驾驶机动车通过隧道有一个适应过程，进隧道眼睛有一个暗适应过程，出隧道则有明适应过程。在眼睛没有适应前，一定要减速慢行，待眼睛适应后再转入正常速度行驶。
>
> 警示三：企业要强化驾驶员的专业知识培训和安全教育；道路交通安全监管部门间要建立完善的沟通、协调、联合执法机制，明确相关部门的管理职责；强化路面巡查、监控工作，严厉查处各类违法运输车辆及各类违法驾驶行为。

道路运输事故典型案例评析（一）

6 冰雪道路的连环追尾

——哈尔滨市同三高速公路方正段"3·19"重大道路交通事故

追尾事故有大有小，但在高速公路上发生的追尾事故，后续的危险隐患丛生，最可怕的就是发生"连环事故"。一些驾驶员缺乏这方面的知识，发生追尾事故后没有及时采取有效的防范措施，导致"连环事故"时有发生。尤其是在夜间和恶劣气象条件下发生的多车连环追尾事故，造成高速公路长时间、大面积堵塞，交通中断，给道路通行带来不便。因此，驾驶员要吸取事故经验教训，提前消除安全隐患，预防连环事故发生。

冬天的哈尔滨，银装素裹，虽然寒冷，却到处是一片雪地冰天的美丽景色。北起黑龙江同江、南至海南三亚的同三高速公路，全线总长度为5700公里，穿境哈尔滨市。2009年3月19日，在哈尔滨市同三高速公路方正段，一辆由北京返回佳木斯探亲的北京籍小轿车，沿同三高速公路自西向东行驶，16时左右，当车行至447公里+680米处，因该路段处于弯坡道，路面结冰，车速过快，加之采取措施不当，侧滑撞到行驶方向右侧护栏，并横在行车道上。事发后，一辆同方向驶来的桦川县黑龙江籍的大货车为躲避小轿车，翻入行驶方向右侧沟下，随后佳木斯市的一辆黑龙江籍重型牵引大货车（核载31000千克，实载76940千克）行驶到此处，因路滑且严重超载,撞上横在行车道上的事故小轿车,三辆车的车上人员在距事故地点 236 米内连续设置了 5 块三角警示牌。17 时左右,一辆由哈尔滨市道外客运站开往方正县天门乡的黑龙江籍大客车(核载 42 人,实载 49 人,包括两名驾乘人员),行驶到同三高速公路方正段 447 公里处,由于路面结冰、车速过快、采取措施不当,失控撞在佳木斯市的重型牵引大货车尾部,造成 19 人死,30 人受伤,直接经济损失 567.3 万元的重大道路交通事故。

客车驾驶员伪造印章及相关落户手续,在不具备大型客车驾驶资质的情况下,违法驾驶客运车辆超员载客,在结冰路面超载、超速行驶,违反了:①《道路交通安全法》第十六条第四款"任何单位或者个人不得使用其他机动车的登记证书、号牌、行驶证、检验合格标志、保险标志"。②《道路交通安全法》第四十二条"机动车上道路行驶,不得超过限速标志标明的最高时速。在没有限速标志的路段,应当保持安全车速。夜间行驶或者在容易发生危险的路段行驶,以及遇有沙尘、冰雹、雨、雪、雾、结冰等气象条件时,应当降低行驶速度"。③《道路交通安全法》第四十九条"机动车载人不得超过核定的人数"。客车驾驶员对事故负有直接责任,被移交司法机关追究刑事责任。

驾驶员所在企业法人代表、客运分站站长、客运站稽查员,因未依法履行职责,受到开除处分,被移送司法机关追究刑事责任。另外,客运企业、客运站、高速公路等相关部门 30 人受到不同程度的处分。其中,12 人被行政撤职、党内严重警告,6 人被行政记大过,8 人被行政记过,4 人被行政警告。

道路运输事故 典型案例评析（一）

高速公路发生交通事故后，如果不及时处置现场，恢复正常通行，后车驾驶人观察不仔细，处置不当，极易引发连环事故，连环事故会比初次事故造成更大的人员伤亡和财产损失。

事故评析一

客车驾驶员违法驾驶客车超员载人，超速行驶，行经结冰路面时采取措施不当，致使车辆失控追撞重型牵引大货车，是这起重大道路交通事故发生的直接原因。客车驾驶员在高速公路遇到路面结冰时，及时降低车速，注意前方路面情况，在发现前方事故现场时，就能及时采取避让措施，避免与前车相撞。另外，客车超载加重了事故的后果。

事故评析二

小轿车驾驶员在结冰路面车速过快，措施不当，发生事故后，没有及时将车移到路边，而是横在行车道上，是导致二次事故的一个重要因素。如果小轿车驾驶员在发生事故后，设法将车移到路边，或者是清障车辆和急救车迅速到达事故地点清理现场，就可以避免后续的相撞。

小常识：怎样预防高速公路连环事故 ◀◀◀

在高速公路上发生事故后，要迅速打开右转向灯，设法将车驶入紧急停车带停靠。随后，立即开启危险报警闪光灯，并在后方150米以外设置故障车警告标志牌，夜间还须同时开启示廓灯和尾灯。车辆无法移动而占用行车道停车的，除立即按要求设置警告标志牌和开启灯光外，还应将乘客疏散到路侧紧急停车带，必要时转移到防撞护栏外安全的地方，并及时拨打122报警电话，或通过路边的SOS电话求助。

事故评析三

重型牵引大货车严重超载，在结冰路面侧滑失控撞到小轿车上，造成

道路运输事故典型案例评析（一）

道路堵塞，是导致第三次相撞的一个重要因素。在结冰路段，路面附着系数极小，事故现场处理不及时，一旦后车速度过快，很容易引发连环追尾事故。

事故评析四

事故路段西侧是山，堆积在中央隔离带的积雪，中午因太阳照射，融化后流经路面造成道路积水。到17时左右，太阳落到山后，因路面背阴，气温骤降，湿滑路面的融水逐渐结冰，致使多台车辆在该结冰路段操作失控，发生连环追尾交通事故。驾驶员在行车中如果注意观察这种自然及地貌现象，行经该路段时提前减速慢行，就能避免类似事故的发生。

高速公路后续连环事故往往会比初次事故造成更大的人员伤亡和财产损失。驾驶员伪造印章及相关落户手续，没有驾驶大客车的资质竟驾驶客

冰雪道路的连环追尾

车超员运输、超速行驶，引发连环相撞事故并非偶然。从事故发生后对34名相关人员的处理，可以看出其他相关部门有着不可推卸的责任，这是一起牵涉多个部门问题的重大道路交通事故。

客运企业安全生产管理混乱，安全生产责任制和安全生产规章制度不健全，未按规定设置安全生产管理机构或配备专兼职安全生产管理人员，未开展安全培训教育，企业主要负责人不具备从事生产经营活动相应的安全生产管理资格。

客运站安全检查制度不完善，站内发车场秩序较乱，对进、出站车辆安全检查不严格，对每辆进出站车辆营运手续及更换车辆牌照问题监督检查不力。

客运分站对客运车辆监督检查不严，对肇事车辆运营情况和更换车辆牌照等情况一无所知，特别是事故发生后，客运分站为减轻责任、逃避追究，伪造了春运期间的进、出站发车登记表、安全检查登记表和安全教育登记表，阻碍干扰事故调查工作。

⚠ 事故警示

警示一：驾驶员安全意识淡薄，不自觉遵守交通法规，在高速公路上疲劳驾驶、超速驾驶、违法停车、违法倒车等严重交通违法行为，极易导致连环事故的发生。

警示二：冰雪天气，高速公路路面会出现积雪、结冰上冻，尤其桥梁、匝道、风口和山背阴处最为常见。在结冰道路上超速行驶，一旦操作不当，会导致车辆失控，很容易发生横滑、侧翻等碰撞护栏和连续追尾事故。

警示三：驾驶客车在高速公路遇到结冰路段，要及时减速慢行，将车速控制在随时能停车的状态。行车中注意观察前方道路情况，一旦发现事故现场，迅速采取安全停车、疏散人员等应急措施，以保护车上乘客的安全为最高宗旨，避免连环事故发生。

警示四：在高速公路发生单方交通事故后，要设法将车移到应急车道或者路肩上，立即开启危险报警闪光灯，迅速将车上人员疏散到路侧防撞护栏外安全的地方，并在车后方150米以外设置故障车警告标志牌，冰雪路段要加大现场警戒距离，及时报警，避免连环事故的发生。

警示五：驾驶汽车在路侧有积雪的高速公路行驶，要注意路侧的自然环境，遇到路侧有山的路段，注意因山背阴遮挡造成路面结冰，提前减速行驶，预防车辆侧滑。

警示六：高速公路出现积雪后，要及时清理雪后路面，采取有效防护措施。清理路面积雪时，应将雪推到高速公路两侧的边沟内，不要将积雪堆积在中央隔离带上，以防积雪融化后形成积水，遇冷后再次结冰。

铁路道口抢行的代价

——宁夏中宁县"7·11"重大铁路交通（路外）伤亡事故

驾驶机动车在铁路道口瞬间违法"越轨"，是列车安全行驶的隐患。虽然在铁路和公路建设中都会最大限度地降低平面交叉的危险因素，但由于一些历史遗留问题或受道路条件所限，部分县乡道路仍存在着公路和铁道的平面交叉。驾驶员如果不懂得平面交叉路口的避险知识，盲目通过铁路道口或与列车抢行，必然会在一念之差间付出沉重的代价。

中宁县位于宁夏中部，素有"塞上明珠"、"中国枸杞之乡"、"中国特产之乡"、"西北交通枢纽"等美称，包兰铁路在山峦之间起伏穿行，美丽生态湿地风景区景色宜人、生态和谐，令人向往。2006年7月11日，一辆宁夏籍载有27名教师、两名导游考察团的旅游客车（核载37人）赴沙坡头游览，参观中宁双龙石窟大佛寺。14时42分，旅游客车由北向南行驶至中宁县余丁乡金沙村境内包兰线653公里+212米处无人看守的铁路道口时，驾驶员违法通行，与自西向东行驶的51002次列车（单机）相撞，大客车被撞出约8.5米，翻于铁路运行方向线路左侧水沟内。14时43分，51002次单机停于652公里+830米处，14时53分区间开通。驾驶员违章

道路运输事故 典型案例评析（一）

冒险的一念之差，造成 14 人死亡（当场死亡 12 人，经医院抢救无效死亡 2 人），7 人重伤，9 人轻伤，直接经济损失 543.2 万元的重大交通事故。

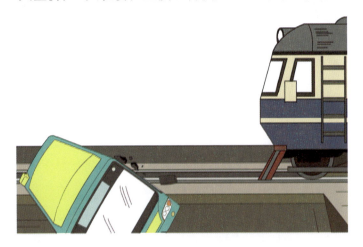

旅游客车驾驶员驾驶客车通过无人看守铁路道口时，违反了《道路交通安全法》第四十六条"机动车通过铁路道口时，应当按照交通信号或者管理人员指挥通行；没有交通信号或者管理人员的，应当减速或者停车，在确认安全后通过"和"一停、二看、三通过"的规定，对事故负直接责任。根据《道路交通安全法》第一百零一条"违反道路交通安全法律、法规的规定，发生重大交通事故，构成犯罪的，依法追究刑事责任"的规定，应追究驾驶员的刑事责任，鉴于其在事故中遇难，不予追究刑事责任。由于事故重大，运输企业、旅行社遭到巨额经济处罚，相关人员分别受到行政处分。

驾驶员通过铁路道口知识匮乏，缺乏安全通过铁路道口的驾驶经验和技能，在通过铁路道口时不注意观察，盲目抢越铁轨，是铁路道口事故多发的重要因素。

铁路道口抢行的代价

事故评析一

旅游客车驾驶员驾驶客车违法穿越无人看守铁路道口时，与包兰线653公里+212米处由西向东行驶的51002次列车（单机）相撞，是这起重大铁路交通（路外）事故的直接原因。如果驾驶员在通过铁路道口前，减速或者停车确认安全后再通过，就不会发生车被撞翻的事故。

事故评析二

客车驾驶员在通过无人看守铁路道口时，无视法律规定既不停车又不减速观察，说明驾驶员缺乏安全通过铁路道口的知识，这是发生铁路道口

道路运输事故典型案例评析（一）

事故的一个重要原因。驾驶员如果掌握铁路及列车的相关知识和行驶特点，就会明白自己的一念之差会决定很多人的生死，也就能严格遵守法律规定，依法做到"一停、二看、三通过"。

> **小知识：列车的制动距离** ◀◀◀
>
> 　　当列车达到100公里/小时的速度时，列车行驶100米只需不到4秒的时间，这刚好相当于一个人横跨铁道所需的时间，而从列车司机开始紧急制动到火车完全停下来，速度100公里/小时的火车至少还要在惯性的作用下，快速滑行800～1200米。

　　驾驶客车通过铁路道口前停车瞭望，做到"一停、二看、三通过"，是驾驶员应该具备的最基本的安全常识，尤其是客车驾驶员更不能存在丝毫侥幸心理，冒险"越轨"。在铁路道口，驾驶员一时疏忽就会造成重大铁路交通（路外）事故。

　　旅游客运企业安全管理混乱，执行规章制度不严，违反交通运输管理规定，未给旅游客车办理旅游包车线路牌，擅自运营，属违法从事运营活动，致使客车与51002次列车（单机）相撞。相关的两家旅行社在双方旅游项目计划确认书中，没有明确各自的安全管理职责和采取安全措施的内容，也没有严格履行双方确认的旅游项目。在旅游团由中卫沙坡头前往银川途中，擅自赠送双龙石窟游览景点，致使旅游者人身、财物受到损害，以上都是导致事故发生的间接原因。

铁路道口抢行的代价

⚠ 事故警示

警示一：驾驶机动车通过铁路道口时，应当按照交通信号或者管理人员的指挥通行。通过没有交通信号或者管理人员的道口，应减速或者停车瞭望，确认安全后迅速通过。

警示二：在通过无人看守的铁路道口时，必须遵循"一停、二看、三通过"的原则，确认安全。如果路口两边有物体挡住视线，看不清两边有无列车驶近时，则应下车察看，不得贸然通过，更不准与列车抢行。

警示三：驾驶机动车通过铁路道口时，速度不得超过20公里/小时，并应服从铁路管理人员的指挥。遇有道口拦杆（拦门）关闭、音响器发出报警、红灯闪亮或看守人员示意停止行进时，须靠道路右侧依次停在停止线以外；没有停止线的，停在距最外股铁轨5米以外处。

警示四：旅游包车客运尤其是省际包车客运运营线路不固定，驾驶员不熟悉路况，影响行车安全。因此，要加强对包车客运的行业监管和对企业的安全管理，企业对执行包车运输的驾驶员要严把资质关、技能关，让驾驶员预先熟悉行车路况和安全注意事项，最大限度地预防事故发生。

8 侵占对向车道发生的对撞

——宁夏盐池县境内"8·28"特大道路交通事故

一声巨响，两辆高速行驶的客车出人意料地迎面相撞。令人不解的是当一辆客车违法越过中心线侵占对向车道时，对向车道的另一辆客车竟根本没有采取任何避让措施迎面而上，直至两辆客车正面相撞。两车驾驶员根本不相识，更不可能结怨，可却莫名其妙地演绎了一场只有在二战电影中才能看到的"神风"自杀式撞击。这种奇怪又惨烈的对撞事故实属罕见，但却足以为道路运输驾驶员再一次敲响"集中精力、谨慎驾驶、安全礼让、文明行车"的警钟。

211国道横穿被誉为"中国甘草之乡"和"中国滩羊之乡"，盛产"咸盐、

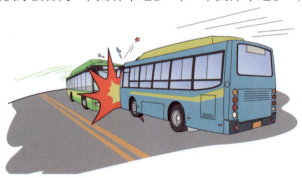

侵占对向车道发生的对撞

皮毛、甜甘草"的宁夏吴忠市盐池县境内。就在这蜿蜒于荒漠草原的国道上，发生了一起两辆客车莫名其妙对面相撞的特大交通事故。2006年8月28日，一辆吴忠市的宁夏籍中型客车（核载39人、实载27人）沿211国道由北向南进入盐池县境内。12时10分左右，当客车行驶到211国道119公里+266米处上坡时，在路面没有任何其他车辆、行人等障碍的情况下，驶向道路左侧对向车道，与迎面超速驶来的一辆同心县宁夏籍中型客车（核载35人、实载32人）相撞，造成11人当场死亡（吴忠市的中型客车死5人，同心县客车包括驾驶员在内死6人）、两人在医院抢救无效后于当晚死亡，14人受伤，两辆客车不同程度损坏的特大道路交通事故。

吴忠市的中型客车驾驶员在会车时侵占对方车辆行驶路线，违反了《道路交通安全法》第三十五条"机动车、非机动车实行右侧通行"的规定，是造成此次事故的主要原因，对此次事故负主要责任，吊销机动车驾驶证，因涉嫌交通肇事罪，移交司法机关依法追究刑事责任。同心县的中型客车驾驶员在会车时未能在确保安全的原则下通行，违反了《道路交通安全法》第二十二条第一款"机动车驾驶人应当遵守道路交通安全法律、法规的规定，按照操作规范安全驾驶、文明驾驶"的规定，对此次事故发生负次要责任，因本人已在事故中死亡，不再追究其责任。两辆客车所在企业相关责任人，因未认真履行职责，安全生产责任落实不到位，对从业人员考核把关不严，分别受到解聘职务和行政处罚处理。

道路运输事故 典型案例评析（一）

一辆客车在路面没有任何其他车辆和行人等障碍的情况下，莫名其妙地驶入对向车道，对向车道的另一辆客车面对驶来的占道行驶车辆竟不采取任何避险措施，两辆客车发生迎面相撞，造成13人死亡，14人受伤。

事故评析一

吴忠市中型客车驾驶员，在行车中安全意识差，注意力不集中，违法驾驶，在会车时侵占对方车辆行驶路线，是造成事故的直接原因。在道路上会车时，严格遵守右侧通行的规定，在中心线右侧与对向车辆保持足够的横向安全距离交会，是一个最基本的常识。该客车驾驶员在路面没有任何其他车辆、行人等障碍的情况下，驶向道路左侧对向车道，直接撞向对向客车，不可思议。驾驶员如果神志清醒，精神集中，不会无故侵占对向车道，也不会迎面撞向来车，事故也就不会发生。

侵占对向车道发生的对撞

事故评析二

同心县中型客车驾驶员，在行驶中注意力不集中，超速行驶，在对向占道行驶车辆驶来时没有采取任何避险措施，是造成事故的直接原因之一。驾驶员在发现对面车辆撞来，危及自己安全时，最本能的反应就是躲避。该客车驾驶员面对驶来的客车，连本能的避让反应都没有，断送了乘客和自己的生命，又是一个不可思议的事情。该驾驶员如果看到对方客车侵占自己的行车路线，减速避让或者本能地向一侧躲避，也会避免事故的发生。

这是一起本不该发生的令人匪夷所思的事故。一位客车驾驶员驾驶中型客车非法侵占对方行驶车道，对向车道的驾驶员面临危险时连本能的躲避反应都没有，足以说明两名驾驶员的注意力不集中，更缺乏临危处置的能力，引发了一场不该发生的对撞。

这是一起因道路运输企业安全生产责任没有真正落到实处，企业主要负责人和安全管理人员安全意识不强，对驾驶员上岗前培训教育把关不严，安全管理基础薄弱，驾驶员安全意识差，违规违章驾驶而造成的一起特大道路交通事故。

这起事故最根本的原因在于运输企业对驾驶员管理不严格。吴忠市中型客车所属企业未将驾驶员的安全教育、考核工作真正落到实处。企业虽然建立了安全生产责任制，成立了安全管理组织机构，明确了相关人员职责，但管理人员在履行职责时责任心不强，安全管理工作落实不力，特别对个别驾驶员管理不够严格，安全教育培训工作不到位，驾驶员安全意识差。

同心县中型客车所属企业未认真履行安全生产责任，安全责任制落实

道路运输事故 典型案例评析（一）

不到位，对安全生产工作管理不力，对从业人员考核把关不严，对安全生产工作督促、检查不力，未能及时发现并查处同心县中型客车驾驶员未经岗前安全培训考核驾驶营运客车的违规现象，从而导致事故发生。

⚠️ 事故警示

警示一：驾驶员驾驶车辆不正确选择行车路线、违法占道行驶，会严重扰乱道路交通秩序，直接影响道路畅通。行驶中侵占对方车辆行驶路线，使会车横向距离变小，极易发生刮碰事故。

警示二：客车驾驶员在行车中要集中注意力，时刻将乘客的生命财产安全放在第一位，在遇到危险情况时，要不惜一切代价，避免客车发生撞击和倾翻，确保乘客的绝对安全。

警示三：客车驾驶员驾车行驶在地域空旷、路面无任何障碍且车流量小的路段时，因路况单调，容易引起注意力不集中、精神涣散和驾驶疲劳等问题。在遇到对向来车时，往往反映迟钝、躲避不及时，或心存侥幸，寄希望于对向车辆先避让而不采取任何避让措施，造成撞车。因此，不开"麻痹大意车"和"斗气车"是驾驶员保证行车安全的重要职业操守。

警示四：运输企业应建立健全安全生产管理制度，配备必要的安全生产管理人员，强化各级各类人员安全生产责任制，及时消除安全生产中存在的事故隐患，减少道路运输事故。

违章停车引发的车祸

——湖北仙桃市"7·4"特大道路交通事故

客车在高速公路违法停车上下乘客的现象时有发生，一些驾驶员和运输企业由于追逐利润，职业道德缺失，明知这种行为违法，却仍不顾乘客安危，长期利用这种方式非法揽客并进行违法运输。殊不知在高速公路随意停车上下乘客的违法行为，对高速公路交通安全构成了严重威胁，存在极大的安全隐患，极易导致事故发生。

随岳高速公路有效改善了长江中游的过江交通条件，结束了监利和岳阳两岸民众千百年隔江相望的历史，实现了湖北、河南中西部地区前往广东、湖南车辆的分流，减轻了京港澳高速公路的压力，促进了武汉城市圈与长株潭城市群的经济交流以及江汉平原和洞庭湖平原的资源整合。就在这条高速公路湖北段，瞬间惊现了一起惨烈的交通事故。

2011 年 7 月 4 日一辆从广州开往湖北天门的湖北籍大型旅游客车，搭载 52 名乘客（其中有 5 名儿童），经过两天长途跋涉，行经随岳高速湖北省仙桃市毛嘴镇珠玑村路段。4 时左右，当客车行至随岳高速公路岳随向 229 公里附近，车上一位女乘客要求下车，客车驾驶员在附近应急车道内停车，乘客下车后，客车刚刚起步，另一位乘客又要求下车，大客车驾

道路运输事故典型案例评析（一）

驶员不耐烦地将车停在了随岳高速公路随州方向229公里+400米路段，骑轧在行车道和应急车道分道线上，车头斜向前方，前面是两根直径30厘米粗的金属立柱架起的指路标志。瞬间，一辆同向行驶满载冬瓜的湖北籍重型半挂车在丝毫未采取制动措施的情况下，以81公里/小时的速度撞向大客车尾部，并与大客车前方的两根高速公路指路标志立柱形成夹击。撞击产生的巨大能量导致两车撞断护栏，先后冲下4米高的边沟，相继起火，乘客瞬时陷入火海。猛烈的撞击和熊熊大火致使大客车内24人当场死亡，29人受伤（其中3人重伤）。

客车驾驶员因一乘客要求就近下车回家而在应急车道内违法停车下客，而后面的货车驾驶员由于疲劳驾驶，速度过快，直接追尾相撞。两车撞断了高速公路护栏及路旁的高速公路指路标志立柱，碰撞后起火燃烧，造成了重大人员伤亡。客车驾驶员违反了《道路交通安全法实施条例》第八十二条第四款"机动车在高速公路上行驶，非紧急情况时不得在应急车道行驶或者停车"的规定，违法在应急车道内停车下客，

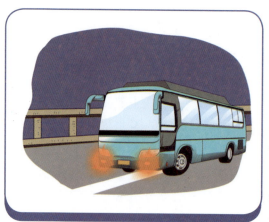

对这起重大道路交通事故负有直接责任,根据《中华人民共和国刑法》(以下简称《刑法》)第一百三十三条,涉嫌交通肇事罪,移交司法机关依法追究刑事责任。重型半挂车驾驶员违反了:①《道路交通安全法》第二十二条第二款"机动车驾驶人过度疲劳影响安全驾驶的,不得驾驶机动车"。②《道路交通安全法》第四十二条"机动车上道路行驶,不得超过限速标志标明的最高时速。在没有限速标志的路段,应当保持安全车速"。③《道路交通安全法实施条例》第八十二条第四款"机动车在高速公路上行驶,非紧急情况时不得在应急车道行驶或者停车"。重型半挂车驾驶员过度疲劳且超速驾驶,违法在应急车道内行驶,对这起重大道路交通事故负有直接责任,根据《刑法》第一百三十三条,涉嫌交通肇事罪,鉴于驾驶员已在事故中死亡,无法再追究刑事责任。

事故致使近60米长的高速公路护栏被全部冲断,路基下面撞断的一段护栏几乎扭成麻花。路旁直径30厘米左右的空心高速公路指路标志立柱被齐根撞断,倒在路基下面。路边沟内有两辆被烧车辆的主体残骸和几堆被烧成铁架的座椅。公路路面上布满了黑色的油迹,散发着浓重的柴油气味,货车满载的冬瓜散落一地。现场燃烧后的乘客遗体碳化严重已不易辨认,惨不忍睹。

事故评析一

客车驾驶员为了满足一乘客就近下车回家的要求,在高速公路应急车道内违法停车下客,是导致事故发生的主要原因。高速公路随意停车是一种违法行为,危险极大。高速公路应急车道是在高速公路发生事故和意外

道路运输事故典型案例评析(一)

情况时,供救援车辆使用的通道,被称为"生命通道"。但客车在高速公路应急车道内停车上下客的现象时有发生,说明驾驶员的法律意识和对这种行为危险性的认识存在盲区。客车驾驶员如果能严格遵守法律规定,在乘客提出下车要求时,向其解释清楚违法停车的危害,婉言拒绝停车,在服务区或者设定的车站停车,就会避免这起两车追尾事故。

事故评析二

满载冬瓜的重型半挂车驾驶员过度疲劳,驾驶车辆进入高速公路应急车道行驶,在发现前方停在应急车道的客车时,由于注意力不集中,没有采取任何应急减速避让措施,直接追尾撞向客车,客车在较大冲击下被硬生生地顶撞到了路边一个双立柱的交通标志上,形成"前后夹击", 由于大客车发动

机后置,重型半挂车的猛烈撞击导致两车迅速起火燃烧,乘客无法逃生,加重了事故后果。如果重型半挂车驾驶员不疲劳驾驶货车,精力充沛,注意力集中,就不会驶入应急车道。另外,重型半挂车驾驶员在发现前方客车停车时,及时减速并稍微向左转动转向盘,就会避开客车。即便重型半挂车驾驶员迅速采取紧急制动措施,也会避免或减轻事故的后果。但此时的重型半挂车驾驶员已经处于极度疲劳状态,失去了控制车辆的能力,径

直撞上了客车。

事故评析三

乘客在高速公路上要求就近下车，是客车驾驶员在高速公路应急车道停车的一个原因，也是引发两车相撞的一个重要因素。如果乘客懂得高速公路禁止随意停车和上下客的法律规定，知晓在高速公路停车上下客的危险性，不提出就近停靠下车的无理要求，客车就不会在高速公路应急车道停车，事故也就可以避免。

3

车辆在高速公路应急车道行车或停车上下客的现象时有发生，为什么驾驶员置法律于不顾，明知是违法且危险的行为而继续为之？这起貌似偶然实则必然发生的车祸暴露出客运安全主体——客运企业疏于管理，安全主体责任不落实，以及交通参与者安全意识极其淡薄的问题，令人震撼、

道路运输事故典型案例评析（一）

发人深省。

这绝不是人们想象的一次偶然或者不经意的停车。这起事故看似偶然，其实蕴含着必然，只不过是发生的时间早一点还是晚一点的问题。因为高速公路违法停车上下客现象长期存在，屡禁不绝。由于利益驱动，一些专业从事非法揽客的人员（当地人称为"兔子"），与高速公路上的班线驾驶员互相勾结，组织散客翻越高速公路或者破坏护网进入高速公路，违法上车，给交通安全造成了极大的威胁。

该客车是一辆旅游包车，在未向交通运输管理部门报批线路的情况下，私自揽客从事班线客运，从广州市珠海区龙潭村街道出发，开往湖北省天门市。这类客车在广州市海珠区和白云区常见，通常靠散发小广告招揽乘客，而且事先不向乘客透露发车时间和地点，经常在途中违规搭客。客车所在企业对挂靠的客车除了收取相当数量的挂靠费，每月还要收一定的管理费。该企业对长途大客车的交通安全监管长期处于放任状态，并没有对"挂靠"车辆进行安全管理。客运车辆经营者（车主）和驾驶员在高速公路上"见到散客就像见到了钱，心里痒痒的，就想捞上来"。一方面是车主与驾驶员想多赚钱，另一方面是乘客图便利，于是一拍即合。如此，交通安全就成了被便利与金钱谋杀的牺牲品，这也是导致客车事故频发的一个重要原因。

这起事故还凸显出客运企业安全生产主体责任不落实的问题。大客车从事长途班线客运，没有履行报批手续，卫星定位装置系统出现故障也不及时维修或者更换，继续参与长途运输，管理不到位。由于客车"挂靠"（或者称联营）现象在较大范围长期存在，且只收费不管理的情况比较普遍。只有乘客真正意识到交通安全与自己息息相关，及时制止客车驾驶员在高速公路上停车上下客的违法行为，客运企业真正负起安全主体责任，才能杜绝类似事故的发生。否则，事故仍旧不可避免。

⚠️ **事故警示**

警示一：在高速公路违法停车，会发生追尾或碰撞事故，特别在雨、雾、雪天气随意停车，发生刮碰事故的几率更高。高速公路上不要随意停车，遇到车辆故障等情况确实需要停车时，应设法将车辆移到路肩、紧急停车带、服务区等安全地段。

警示二：在高速公路上，搭载乘客随意上下车，会直接威胁乘客的生命安全。乘客一定要到服务区、高速公路出站口外等安全区域上下车。

警示三：驾驶员驾车时间过长、长时间高速行驶或在单一道路上行驶很容易疲劳。驾驶员饱餐后，注意力分散，会出现短暂的困倦感。驾驶员最容易出现疲劳的时段是中午和午夜，一旦感到疲劳，就要毫不犹豫地停车休息，继续行车是一件十分危险的事。

警示四：客运企业要加强对所属客车和驾驶员的管理，认真负起安全主体责任。对所属客车驾驶员坚持定期开展道路运输安全教育，提高驾驶员的安全意识和守法意识，强化驾驶员遵章守法的自觉性。

道路运输事故 典型案例评析（一）

10 违法超车上演的客车相撞

——广西都安县"2·3"过境车辆特大道路交通事故

客运驾驶员疲劳驾驶、违法侵占对向车道的行为，严重影响道路通行秩序，存在极大的安全隐患，严重威胁乘客的生命财产安全。本起事故两辆大客车对撞，就是由于驾驶员疲劳驾驶、违法侵占对向车道强行超车导致的。惨烈的事故现场、瞬间逝去的生命发人深省，血的教训需要每一位驾驶员认真吸取。

2月初，春运的大幕刚刚拉开，在外工作的人们满载着行囊，归心似箭，选择不同的交通方式纷纷踏上了回家过年的旅程。2007年2月3日，一辆贵州籍大客车载着48人，从广东东莞驶往贵州遵义。6时45分，客车行至

违法超车上演的客车相撞

广西都安县境内国道 G050 线 305 公里 +60 米路段时，由于驾驶员疲劳驾驶，超车时越过道路中心虚线，与对面快速驶来的由重庆开往深圳的满载 41 人的重庆籍大客车迎头相撞，造成 13 人死亡，其中当场死亡 11 人，送医院抢救无效死亡两人；52 人受伤，其中 5 人重伤；两车严重损坏的特大道路交通事故。

贵州籍大客车驾驶员无营运手续，驾驶客车越过中心线占用对方车道超车，违反了：①《道路交通安全法》第三十五条"机动车、非机动车实行右侧通行"。②《道路交通安全法》第四十三条"同车道行驶的机动车，后车应当与前车保持足以采取紧急制动措施的安全距离。与对面来车有会车可能的，不得超车"。贵州籍大客车驾驶员对这起特大道路交通事故负直接责任，鉴于其已经在事故中死亡，免于追究刑事责任。

面对突如其来的车祸，生命如此不堪一击。驾驶员的一次违法行为，让期盼着早日与家人团聚的乘客生命瞬间陨落。

道路运输事故典型案例评析（一）

事故评析一

贵州籍大客车驾驶员，违法占道超车，非法营运，是导致事故发生的直接原因。如果驾驶员能够严格遵守《道路交通安全法》和《中华人民共和国道路运输条例》(以下简称《道路运输条例》)的各项规定，守法营运，规范行车，超车时能够对超越车辆情况及时作出准确的判断，发现对面有来车立即终止超车，就不会与对面的车辆相撞。

> **小知识：常见违法占道现象** ◀◀◀
>
> 目前，不按规定行车、违法占道行驶的现象较为普遍，这些违法行为严重扰乱了道路通行秩序，直接影响道路的安全与畅通。常见的违法占道现象有：高速车在低速车道行驶，低速车在高速车道行驶，占用非机动车道或人行道行车，在紧急停车带或路肩行驶，超车、转弯侵占对向车道，长时间骑轧分道线或道路中心虚线行驶等。

事故评析二

重庆籍大客车驾驶员在行车过程中，因疲劳驾驶，在看到对向来车已无法超过同向车辆时，没有采取任何紧急避让措施，是导致事故发生的直接原因。如果驾驶员发现对向客车时，迅速降低车速，采取合理的

违法超车上演的客车相撞

紧急避让措施，给对向来车的驾驶员留出迅速作出反应的时间和空间，就能避免两辆客车直接相撞。

事故评析三

两名客车驾驶员在发生危险情况时，反应迟缓，都没有采取应急避险措施，皆因疲劳驾驶所致。贵州籍客车从贵州遵义到达广东东莞，行驶了28小时，仅停车休息了1小时即返回贵州，又行驶近14小时发生事故，实际运营的行驶时间超过42小时。此运行线路往返距离为3300公里，如此重的运输任务只配备两名驾驶员，存在疲劳驾驶的安全隐患。重庆籍大型普通客车营运线路为重庆至深圳，往返运输距离为4000公里，

保守估算总的行驶时间在75小时以上，只配备两名驾驶员担负这次运输任务，同样存在疲劳驾驶的安全隐患。

客车驾驶员疲劳驾驶，违法占道超车，在发现对面有来车时不采取措施终止超车，一场噩梦般的惊世之"吻"在两辆客车之间发生了。这虽然是一起由于驾驶员违反《道路交通安全法》的有关规定违法行驶造成的事故，但相关企业和单位监督管理不到位也是导致这起特大道路交通事故发生的重要原因之一。

贵州籍客车所属运输企业对驾驶员长期疏于管理，对驾驶员的管理、安全教育及车辆营运管理存在较大漏洞，对超长运输线路驾驶员的安全管

道路运输事故典型案例评析（一）

理更是流于形式，使旅客运输存在安全隐患，是造成这起事故的间接原因。企业以追求利润最大化为目标，想方设法降低运输成本，无视驾驶员的身体健康，这是对驾驶员和乘客极其不负责任的表现。两辆客车往返运输距离分别为3300公里和4000公里，实际营运行驶时间分别为42小时和75小时以上，但客运公司都只为客车配备了两名驾驶员担负长途运输任务，存在着疲劳驾驶的安全隐患。

贵州籍客车没有营运手续，属于非法营运。重庆籍客车此次是持"省际包车"线路牌进行运输，而由交通运输管理部门具体发放的编号为"渝运包车"的线路牌没有经办人签字，只是在经办人签字栏内盖了公路运输管理所的公章，没有签发时间，同时在该车上还发现了数张盖有公章的空白包车线路牌和旅游包车线路牌，事后经鉴定公章涉嫌伪造。

⚠️ 事故警示

警示一：行驶中侵占对方车辆行驶路线，使会车横向距离变小，容易发生刮碰甚至相撞事故。在单向行车道长时间轧线或占道行驶，会阻碍同方向车辆正常行驶，使后方车辆无法超越，造成道路拥堵，甚至导致交通事故。

警示二：骑轧或越过中心实线抢行超车，在对向来车时会引发驾驶员情绪紧张，不能及时有效地控制车辆，尤其是重载时紧急转向危险更大，无法实现安全避让，容易发生刮碰、倾翻、追尾等交通事故。

警示三：驾驶员疲劳驾驶时，判断能力下降，反应迟钝，操作失误增加，会出现视线模糊、精力不集中、思考不周全、精神涣散、焦虑、急躁等现象，继续勉强驾驶车辆，极易导致交通事故。

警示四：企业对驾驶员的安全教育和管理，是确保行车安全的重要环节。企业对车辆及驾驶员的监管不能走形式，要坚决制止驾驶员的违法行为。守法经营、预防事故是企业应该高度重视的一项工作，管理和监管不到位，必然会发生道路交通事故。

酒后驾驶超速行车之祸

——湖北省武汉市"8·25"重大道路交通事故

每一位驾驶员都知道酒后驾驶是严重违法行为，严禁酒后驾车已经成为全社会关注的热点。"开车不喝酒，喝酒不驾车"的常识已经家喻户晓，可仍然有一些驾驶员我行我素，酒后侥幸驾驶，发生事故后才追悔莫及。酒后驾驶造成的严重人员伤亡和财产损失事故，给人们的生活留下了永远也抹不掉的巨大阴影。

2007年8月25日这一天，恰逢星期六，对大多数人来说是平静休闲的一天，可在武汉市107国道上却演绎了一场惊心动魄的撞车灾难。13时23分，一辆湖北籍重型半挂牵引车，沿107国道由孝感驶往武汉，行至1201公里+900米处时，由于驾驶员酒后超速驾驶，操作失控，撞开4个道路中央的隔离墩后，驶入对向车道，与对向驶来的一辆超员的湖北籍大客车（核载33人，实载47人）相撞，两车同时落入路左侧的水塘里，货车驾驶员肇事逃逸，客车驾驶员当场死亡。这场触目惊心的重大道路交通事故，造成23人死亡，22人受伤，直接经济损失高达644.32万元。

道路运输事故 典型案例评析（一）

经查，2007 年 8 月 25 日，重型半挂牵引车驾驶员从汉阳驾驶货车经过 107 国道，到孝感市一个家具厂拉货，于 8 时 30 分至 9 时到达。在停好车、工人装货时，出厂门买了一碗炒粉，回到厂区内的小卖部买了一瓶"沱牌"酒（1 斤装白酒），在小卖部边吃边喝，喝了约 2 两酒。11：30 时左右，又与同来该厂拉货的另外两名驾驶员外出在一流动摊贩处买了三份盒饭，回到厂区内的小卖部吃盒饭时，又把早上没喝完的白酒（剩下约 7～8 两）拿出来一个人边吃边喝，直至瓶中所剩白酒不足 2 两。饭后，又在小卖部买了两瓶啤酒喝，然后开车返回武汉，至 13 时 23 分事故发生。

重型半挂牵引车驾驶员酒后超速驾驶有隐患的机动车，造成严重后果，肇事后弃车逃离事故现场，其行为违反了：①《道路交通安全法》第二十二条第二款"饮酒、服用国家管制的精神药品或者麻醉药品，或者患有妨碍安全驾驶机动车的疾病，或者过度疲劳影响安全驾驶的，不得驾驶机动车"。②《道路交通安全法》第四十二条第一款"机动车上道路行驶，不得超过限速标志标明的最高时速。在没有限速标志的路段，应当保持安全车速"。③《道路交通安全法》第二十一条"驾驶人驾驶机动车上道路行驶前，应当对机动车的安全技术性能进行认真检查；不得驾驶安全设施不全或者机件不符合技术标准等具有安全隐患的机动车"。④《道路交通安全法》第七十条第一款"在道路上发生交通事故，车辆驾驶人应当立即停车，保护现场；造成人身伤亡的，车辆驾驶人应当立即抢救受伤人员，并迅速报告执勤的交通警察或者公安机关交通管理部门。因抢救受伤人员变动现场的，应当标明位置。乘车人、过往车辆驾驶人、过往行人应当予以协助"。重型半挂牵引车驾驶员对事故的发生负有主要责任，依照有关法律规定，涉嫌交通肇事罪，被司法机关依法追究刑事责任、判处有期徒刑。

2007年8月25日，客车驾驶员不按许可线路行驶，在水厂客运站附近路边（解放大道与新合村路口）载满客（按规定应当进站载客），并在座位中间的过道上擅自增加了一排塑料小方凳，沿解放大道向孝感方向行驶，在城区行驶途中停靠了2次，又载客5人（核载33人，事发后经核实含司乘人员实载47人），至13时23分事故发生。

客车当班驾驶员超员载客，违反了《道路交通安全法》第四十九条："机动车载人不得超过核定的人数"的规定，加重了事故的损害后果，承担事故的重要责任，由于驾驶员在事故中死亡，无法追究刑事责任。

道路运输事故典型案例评析（一）

酒后驾驶一种极严重的违法行为，《刑法》和《道路交通安全法》对酒后驾驶都有严格的处罚规定。可很多驾驶员却置法律于不顾。驾驶员酒后驾驶重型半挂牵引车，超速驾驶，造成重大道路交通事故后逃逸，损失触目惊心，后果极为严重。

事故评析一

事故地段位于湖北省武汉市 107 国道 1201 公里 +935 米处 (1202 界界碑以北 65 米处)。现场道路呈南北走向，沥青路面干燥平坦，为分车分向式道路，双向四车道，路中心双黄实线之间有钢筋水泥制成的中间隔离墩。重型半挂牵引车驾驶员酒后超速驾驶有安全隐患的重型半挂牵引车上路行驶，撞开路中间的隔离墩，驶入对向车道，与对向大客车相撞，是导致此次重大道路交通事故的直接原因。驾驶员如果不酒后驾驶，不超速行驶，驾驶操作就不会失控，这起重大道路交通事故就可以避免。

酒后驾驶超速行车之祸

> **小知识：酒后驾驶的危害** ◀◀◀
>
> 驾驶员饮酒后因血液中的酒精浓度增高，会出现中枢神经麻痹、理性及自制力降低、视力下降、视线变窄、注意力不集中、身体平衡感减弱等状况，从而出现运动机能低下，操纵制动、加速、离合器踏板时反应迟钝、行动迟缓等现象。极易因转弯操作不当飞出路外或撞到建筑物上、无视过路行人将其撞伤、无视交通信号或不注意交叉路口、转错转向盘而迎面撞上驶来的车辆等，造成车毁人亡的悲剧。

事故评析二

这次事故对大客车驾驶员虽然是一个意外，但客车当班驾驶员不按许可的客运线路行驶、站外上下客并严重超员载客(核载33人，实载47人)，加重了事故的损害后果，在这起事故中负有重要责任。客车驾驶员如果按照规定的客运路线行驶，就不会遇到酒驾重型半挂牵引车或者说完全可以避免这起事故的发生。客车如果不超员，事故后果一定不会这么严重和惨不忍睹。

道路运输事故典型案例评析（一）

> **小知识：客车超员对事故的影响** ◀◀◀
>
> 　　如果客车严重超员，无座位的乘客只能站立或坐在临时搭建的座位上，客车在行驶过程中，如急转弯、紧急制动等，乘客很容易在车厢内磕碰，发生"客伤"事故。对一些根本没有任何防护能力的孩子和老弱病残乘客来说，即便是制动急一点、转向快一点，都有可能造成伤害。尤其是在客车发生意外事故后，由于乘客增多，车辆的不稳定和不安全因素加大，事故的损失会成倍增大。

事故评析三

　　重型半挂牵引车驾驶员肇事后，为了逃避法律追究而逃逸，犯有肇事逃逸罪。驾驶员从事故现场逃逸，从另一个层面加重了事故严重性。在对方客车驾驶员死亡后，事故现场一片混乱，而重型半挂牵引车驾驶员不积极采取措施，不依法报警、保护现场、等候处理而私自逃离事故现场。延误了现场宝贵的抢救时机，致使受害人得不到及时有效的救治而死亡，从

而加重了其违法行为的后果。如果重型半挂牵引车驾驶员在肇事后保护现场，迅速报警，积极采取措施抢救伤员，事故造成的伤亡和损失会相对减少，重型半挂牵引车驾驶员也不会负肇事逃逸罪的法律责任。

> **小知识：肇事逃逸相关法律规定** ◀◀◀
>
> 《刑法》第一百三十三条（交通肇事罪）规定，交通运输肇事后逃逸或者有其他特别恶劣情节的，处三年以上七年以下有期徒刑；因逃逸致人死亡的，处七年以上有期徒刑。《道路交通安全法》第一百零一条第二款规定，造成交通事故后逃逸的，由公安机关交通管理部门吊销机动车驾驶证，且终生不得重新取得机动车驾驶证。

一起23人死亡、22人受伤、直接经济损失高达644.32万元的罕见重大道路交通事故，竟是因为一个驾驶员的贪杯而引发的。这对于瞬间失去生命的乘客和在痛苦中煎熬的死者亲属，对于那些饱受创伤磨难的伤者意味着什么？事故背后仍有一些其他的潜在原因，需要我们去分析研究，引以为戒。

这是一起因重型半挂牵引车驾驶员酒后超速驾驶有安全隐患的机动车，客车驾驶员不按许可的线路行驶、不进站经营并严重超载导致的重大安全生产责任事故。相关运输经营方不落实安全措施、违规违法经营，相关监管部门安全监管不到位，也是造成事故的一个重要因素。

重型半挂牵引车的经营者（车主），在未与集装箱运输公司续订租赁

道路运输事故典型案例评析(一)

协议的情况下,非法使用该公司的道路运输经营资质从事营运活动;在聘用驾驶员后,未尽到对驾驶员的安全教育管理职责,未及时有效制止驾驶员长期习惯性违章驾驶行为,是导致事故发生的根本原因。集装箱运输公司对租赁车辆的管理不到位,对重型半挂牵引车的转让缺乏监管,导致该车实际处于失管状态;对公安交通管理部门下达的"公安行政建议书"中指出的机动车、驾驶员安全台账不全、租赁车辆驾驶员学习不落实等问题,始终未能完全整改到位;公司对重型半挂牵引车的经营者(车主)使用其道路运输经营资质从事营运活动未予以制止,对事故的发生负有直接管理责任。

公路客运企业管理混乱,制度不落实,隐患不治理,所属的客车长期不进站经营、违规在站外上客、超员等各类违规违法现象突出。在明知客车长期不进站经营的情况下,分别出具虚假的证明材料(《车辆进站经营协议》和《售出客票登记表》),助其骗取营运线路的行政许可,蒙骗有关行业管理部门;不执行客运站经营的有关规定,放纵客车不进站、不依线经营,对事故的发生负直接责任。

⚠ 事故警示

警示一:酒后驾驶危害公共安全,对社会生产和道路运输平稳运行造成了很坏的影响,社会危害极大。驾驶员要充分认识到酒后驾驶是一种严重的犯罪行为,从尊重、珍爱、敬畏自己和他人生命的高度来认识酒后驾驶的危害，坚决杜绝酒后驾驶机动车。

警示二：客车超员造成的危害极大，严重危及人民的生命和财产安全，容易诱发重特大道路交通事故。每一位客车驾驶员都要从保护乘客绝对安全的高度出发，严格遵守核定载人数，不得超员运输。

警示三：肇事逃逸是一种犯罪行为。驾驶员肇事逃逸，会延误现场抢救时机，致使受害人得不到及时有效的救治而加重伤情甚至死亡。车辆肇事后，驾驶员采取积极的措施，依法报警、保护现场、抢救伤员，是应尽的义务和责任。

警示四：运输企业要严格遵守有关规定，依法经营，落实安全管理责任，及时处理安全隐患。对习惯性违法的驾驶员要加强教育，对屡教不改的驾驶员要坚决辞退，确保运输安全。

超员超速导致的连续追尾

——青海省海西州乌兰县"4·10"重大道路交通事故

有的驾驶员和经营者明知客车超员是严重的违法行为，可是他们为了一时的经济利益，竟然为逃避安全检查铤而走险，雇用出租车"摆渡"超员乘客，避开检查站，违法运输。经济利益的驱动、侥幸心理的存在，使得这些驾驶员明知超员是违法行为，却另出新招想方设法超员，引发了一桩桩家破人亡、妻离子散的惨剧。

2008年4月9日深夜，一辆载有45人（核载34人）的青海籍大型卧铺客车从西宁火车站出发，沿国道109线驶往格尔木。客车行至距海西州茶卡镇公安交通检查站东约2公里处停车，为了躲避交警的检查，客车驾驶员雇用当地两辆出租车分三次将11人"摆渡"到检查站西两公里处，大型卧铺客车顺利通过公安交警中队检查站后，在检查站西两公里处让等待的11名乘客上车，继续前行。10日0时15分左右，大型卧铺客车行驶至国道109线2267公里+750米处时，由于大型卧铺客车严重超员，加上超速行驶，驾驶员处置不当，与前方同向停放的两辆手扶拖拉机（其中一辆无号牌，每辆手扶拖拉机各载客6人）发生连续追尾相撞后，冲入公路左侧又与对向行驶的一辆青海籍油罐车（司乘人员3人）相撞。造成9人当场死亡，2人送往医院救治无效死亡，42人受伤（其中10人重伤），大型卧铺客车报废，经济损失340多万元的重大道路交通事故。

　　大型卧铺客车驾驶员驾驶客车超员载客，法律法规和安全意识淡薄，夜间超速行驶，临危处置不当，违反了：①《道路交通安全法》第四十二条"机动车上道路行驶，不得超过限速标志标明的最高时速。在没有限速标志的路段，应当保持安全车速。夜间行驶或者在容易发生危险的路段行驶，以及遇有沙尘、冰雹、雨、雪、雾、结冰等气象条件时，应当降低行驶速度"。②《道路交通安全法》第四十九条"机动车载人不得超过核定的人数，客运机动车不得违反规定载货"。③《道路交通安全法》第三十五条"机动车、非机动车实行右侧通行"。大型卧铺客车驾驶员对事故的发生负有直接责任，鉴于其已在事故中死亡，不予追究刑事责任。

　　两名手扶拖拉机驾驶员无证驾驶，安全意识淡薄，在夜间无照明的情况下，停放车辆未放置警示牌和警告标志，违反了：①《道路交通安全法》第十一条第一款"驾驶机动车上道路行驶，应当悬挂机动车号牌，放置检验合格标志、保险标志，并随身携带机动车行驶证"。②《道路交通安全法》第五十六条第二款："在道路上临时停车的，不得妨碍其他车辆和行人通行"。两名手扶拖拉机驾驶员负交通事故的次要责任，鉴于两人已在事故中死亡，不予追究刑事责任。大型卧铺客车所在企业已不具备相应的经营资质和条件，被取消相应法人资质，总经理和副总经理分别处上一年年收入60%的罚款。

道路运输事故典型案例评析（一）

大型卧铺客车驾驶员驾驶超员客车在夜间超速行驶，采取"摆渡"超员乘客的行为躲避检查，足以说明驾驶员法律意识淡薄，安全意识差，职业道德缺失，不具备驾驶客车的基本素质。

事故评析一

大型卧铺客车驾驶员违反法律法规，安全意识淡薄，超员载客，夜间以94公里/小时的速度超速行驶（该路段限速80公里/小时），临危处置不当，是造成事故的直接原因。驾驶员驾驶严重超员的车辆，为躲避检查，心理负担和思想压力往往加大，容易出现注意力分散、不能应对突发情况、操作失误等影响行车安全的情况，从而引发交通事故。

超员超速导致的连续追尾

> **事故评析二**

　　大型卧铺客车驾驶员深夜驾驶客车超速行驶，不仔细观察道路两侧情况，应急处置滞后，是与前方同向停放的两辆手扶拖拉机发生连续追尾相撞的主要原因。夜间行车时，由于灯光的照射范围和亮度有一定的限度，驾驶员视野受到了很大限制，不利于观察道路两侧的情况。午夜驾驶又容易出现疲劳，注意力一旦不集中，很容易引发碰撞和倾翻事故。

> **事故评析三**

　　大型卧铺客车驾驶员超员载客，为逃避安全检查雇用当地出租车"摆渡"超员乘客，驾驶员这种带有欺骗性的行为，扰乱了运输市场的正常秩序，严重危害了道路运输安全，加重了事故后果。

道路运输事故典型案例评析（一）

事故评析四

　　手扶拖拉机驾驶员无证驾驶，安全意识淡薄，在夜间无照明的情况下，停放车辆未放置警示牌和警告标志，是事故发生的原因之一。手扶拖拉机本身没有夜间反光标志，在夜间临时停车时，如果在车前后摆放有反光的标志等物体提示过往车辆，就不会被其他车辆追尾和刮碰。

超员超速导致的连续追尾

驾驶大型卧铺客车超速、超员、违法占道行驶、违法运输，这些违法行为，不是简单的个人问题，这与驾驶员的素质和企业的管理有着直接的关系。

大型卧铺客车驾驶员所在企业在不具备经营资质的条件下违法经营，且内部管理混乱，安全生产制度不落实，安全管理制度及车辆档案、二级维护和车辆调度等台账不规范，企业管理层和驾驶员文化程度整体偏低，交通安全法律法规学习不够，安全教育不到位，安全管理工作流于形式，法人代表为文盲。该企业长期存在客运车辆不按规定进站报班、超速超载运输和站外私自揽客等违法违规行为，严重扰乱了客运市场秩序。

⚠ 事故警示

警示一：夜间行车，视野不如白天开阔，经常会遇到突发情况，危险性大，严格控制车速是确保安全的根本措施。夜间行车要保持中速行驶，保证制动距离在前照灯照亮的距离之内，以便及时应对危险状况。跟车行驶注意增大车距，做好随时停车的准备，以防止前后车相撞。

警示二：夜间驾驶员视觉敏感度减弱，看不清道路两旁的景观，连续长时间驾驶车辆，注意力高度集中，容易产生疲劳，尤其是午夜后行车疲劳困顿感最为明显，这是夜间发生交通事故的一个重要原因。

警示三：夜间行车经常会遇到停靠的车辆、意外障碍物以及不易观察到的车辆和行人等。也会因突然出现急转弯或陡坡而看不到前方的路面。行车时应集中注意力，密切观察前方灯光能照亮的道路情况，谨慎驾驶，随时准备应对突发情况。

警示四：夜间，应尽量选择安全、有照明条件的停车场和路边停放车辆。在无照明的情况下停放车辆，一定要放置警示牌和警告标志示意过往车辆和行人，以防影响车辆和行人正常通行，避免发生碰撞事故。

警示五：道路运输驾驶员要认真遵守有关规定，自觉维护运输市场秩序，严格按照客车核定载客人数承载，严禁超员，严禁违规私自揽客及采用"摆渡"超员乘客的方法逃避安全检查。

非法改动制动系统的后果

——江西大广高速公路遂宁段"9·19"特大道路交通事故

一辆重型半挂牵引车在制动系统存在安全隐患、严重超载的情况下，在高速公路下坡路段超速行驶。由于重型半挂牵引车制动失效，与一辆高速公路养护部门的重型自卸货车发生追尾事故。本来是一起两辆货车之间追尾的普通事故，不会造成太多的人员伤亡，可这起事故竟出人意料地导致群死群伤。揭开这个特大道路交通事故的谜底，从另一个侧面提醒驾驶员，任何违法驾驶行为都可能造成不可估量的损失。

遂川，山清水秀，自然条件优越，峰峦叠嶂，岭谷相间，河流纵横，溪涧密布，气候温和，雨量充沛，阳光充足，四季分明，素有"八山一水半分田、半分道路和庄园"之称。2009年9月19日上午广大高速公路江西遂川路段，刚刚发生了一起交通事故，道路堵塞，行车道内排满了长长的等待车辆。8时35分，河南省周口市一辆核载为25吨的河南籍重型半挂牵引车，载运货物37.7吨，行至大广高速公路遂川段2967公里+24米长下坡路段，因车辆严重超载、车速过快、制动失效，追尾碰撞在应急车道内行驶的高速公路养护中心的江西籍重型自卸货车（装载3.17立方米黄

道路运输事故典型案例评析（一）

土，驾驶室乘载3人、货厢违法乘载24人），致使重型自卸货车撞坏路侧波形防撞护栏后冲出道路，瞬间翻坠下垂直高度为17.1米的山坡。同时，重型半挂牵引车继续与在行车道内排队等候通过前方事故路段的车辆发生连环相撞，造成重型自卸货车和重型半挂牵引车驾驶员共16人死亡、13人受伤的特大道路交通事故。

重型半挂牵引车驾驶员驾驶制动性能不符合技术标准的车辆，严重违法超载，超速行驶，违反了：①《道路交通安全法》第二十一条"驾驶人驾驶机动车上道路行驶前，应当对机动车的安全技术性能进行认真检查；不得驾驶安全设施不全或者机件不符合技术标准等具有安全隐患的机动车"。②《道路交通安全法》第四十八条"机动车载物应当符合核定的载质量，严禁超载；载物的长、宽、高不得违反装载要求，不得遗洒、飘散载运物"。

重型自卸货车驾驶员在高速公路应急车道行驶且车厢内违法载人，违反了：①《道路交通安全法实施条例》第八十二条第四款"机动车在高速公路上行驶，非紧急情况时不得在应急车道行驶或者停车"。②《道路交通安全法实施条例》第八十三条"在高速公路上行驶的载货汽车车厢不得载人"。

两车驾驶员对事故的发生都负有直接责任，鉴于两人都在事故中死亡，不再追究责任。对事故负有领导、监督、管理责任的单位和人员，依照有关法律法规，分别受到了严肃处理。

非法改动制动系统的后果

两辆货车相撞，一般不会造成群死群伤的后果。可在大广高速公路遂川段的两辆载货车辆严重违法行驶，发生追尾事故，造成了16人死亡，13人受伤，实属出乎人们的意料。

事故评析一

经调查，重型半挂牵引车前轮制动系统被非法改动，制动性能明显不符合国家相关标准，且严重超载，在长下坡路段车速过快，导致制动失效，是这起事故的主要原因。驾驶制动性能存在严重安全隐患的重型半挂牵引车，超载150.8%，一旦车速过快，很容易造成制动失效。驾驶员如果严格遵守有关规定，不驾驶制动存在严重安全隐患的车辆，不超载运输，也就不会出现追尾相撞事故。

道路运输事故典型案例评析（一）

事故评析二

重型自卸货车违法在应急车道行驶，是导致事故发生的一个重要因素。重型自卸货车在高速公路上违法载人，是造成事故伤亡扩大的重要原因。根据重型自卸货车的性能，车厢不具备载人条件，绝对不能载人行驶。自卸货车车厢载人行驶，驾驶员一旦误操作车厢起降杆会非常危险，运输企业一般规定自卸货车严禁载人。可高速公路养护中心的重型自卸货车竟人货混装，装载3.17立方米黄土，驾驶室乘载3人、货厢违法乘载24人。如果重型自卸货车不在应急车道行驶，就不会被追尾后撞坏护栏翻坠下山坡；如果重型自卸货车不载人，就不会造成这么多的人员伤亡。

事故评析三

高速公路养护作业车辆违法载人、人货混装，是一种常见现象。日常上路进行养护作业的劳务人员，基本上都是通过工程运输车辆前往作业区，有时工程运输车既运料也搭载劳务人员，没有专门用于运送施工人员的通勤客车。如果高速公路养护作业企业领导关爱职工的生命安全，施工人员

非法改动制动系统的后果

知道珍爱自己的生命,就不会冒着生命危险违法乘车,事故伤害就不会如此严重。

一名驾驶员驾驶制动系统有问题的重型半挂牵引车严重超载超速行驶,另一名驾驶员驾驶重型自卸货车在高速公路应急车道上载人行驶,两车驾驶员的严重违法行为让简单的追尾事故伤亡增大,损失加重。在血的教训背后必然有一些值得深思的问题。

这起事故的发生,暴露出一些运输企业和相关单位安全生产主体责任不落实、安全教育和管理不到位,安全隐患排查治理不彻底,道路交通安全监管存在薄弱环节和漏洞等突出问题。运输企业对挂靠车辆安全监管不到位,对实际运营过程中的车辆维护、交通安全等管理工作处于完全失控状态,挂靠车辆违法超载现象严重。高速公路养护企业对施工过程中的安全监管缺乏必要的管理制度和措施,绿化改造施工过程中安

道路运输事故典型案例评析（一）

全管理不到位，施工人员交通安全意识薄弱，施工车辆违法载人、违法停车、掉头、骑轧车道分界线和占用应急车道行驶、施工路段安全防护设施不到位等一系列严重违法行为时有发生，这些因素都给高速公路正常通行埋下了安全隐患。

⚠ 事故警示

警示一：车辆违法超载对安全行车或运输造成了极大的危害，严重危及人民的生命和财产安全，诱发了大量的道路交通事故。车辆超载后载质量增大，因而惯性加大，制动距离延长，危险性增大。超载会影响车辆的转向性能，易因转向失控而导致事故。

警示二：非法改动制动系统，导致制动性能不符合国家相关标准，存在严重的安全隐患。驾驶制动有故障的车辆，容易发生车辆制动失效、跑偏、方向失控、侧滑、碰擦、伤人等事故。

警示三：公路养护企业使用工程运输车辆运送养护作业人员，违法载人、人货混装，养护作业人员的人身安全得不到保障，这是对养护作业人员生命极不负责任的行为。货车载人要符合法律规定，要坚决杜绝违法载人、人货混装等现象。

警示四：应急车道主要施划于城市环线、快速路及高速公路两侧，专门供工程救险、消防救援、医疗救护或民警执行紧急公务等处理应急事务的车辆使用。非紧急情况下在高速公路应急车道行车或停车，不按照规定设立警示标志，不仅严重威胁驾驶员及乘客的人身安全，也会给正常通行的车辆带来极大的安全隐患。

 高速公路上危险的躲避

——广西南北高速公路"2·22"过境车辆重大道路交通事故

在高速公路行车会遇到一些意想不到的突发情况,尤其是从前车突然掉下的货物或扔出的垃圾,会使后车防不胜防,一旦临危处置不当,就会造成重大交通事故。驾驶客车在高速公路上遇到类似的特殊情况,要时刻把乘客的安危放在第一位,盲目或下意识地转向躲避是非常危险的。要切记:为了乘客的生命安全,任何时候的应急躲避都不能让客车侧翻或驶到路外。

广西钦州属于南亚热带季风气候,冬暖夏凉,依山临海。2月底的钦州依然是风光明媚,气候宜人。2009年2月22日,在南北高速公路上一

道路运输事故典型案例评析（一）

辆从黔南州平塘县汽车站出发驶往广东东莞的贵州籍大型普通客车，满载51人（其中两名小孩，两名客车驾驶员），以110.2公里/小时的速度驶入钦州市境内。6时57分，客车途经南北高速公路1122公里+550米处，驾驶员发现前方路面有遗洒袋装麸皮，因超速行驶，在采取避让措施的过程中向左转向角度过大，导致客车与道路中央防撞墙碰刮后向左侧翻于路面。瞬间的避让错误，造成12名乘客死亡，客车驾驶员等16名人员受伤，大型普通客车及路产不同程度受损，大型普通客车直接经济损失16万元。

客车驾驶员在高速公路超速（行驶速度达110.2公里/小时）行驶，避让遗洒袋装麸皮时向左转向角度过大，违反了：①《道路交通安全法》第二十二条第一款"机动车驾驶人应当遵守道路交通安全法律、法规的规定，按照操作规范安全驾驶、文明驾驶"。②《道路交通安全法实施条例》第七十八条第二款"在高速公路上行驶的小型载客汽车最高车速不得超过每小时120公里，其他机动车不得超过每小时100公里"。客车驾驶员遇紧急情况采取措施不当，对这起重大道路交通事故负有直接责任，根据《刑法》第一百三十三条，涉嫌交通肇事罪，被移交司法机关依法追究刑事责任。

河北籍半挂牵引车三名驾驶员在行驶途中安全意识不强，安全措施不力，装载不合格，致使运输途中货物遗洒于高速公路路面，违反了《道路交通安全法》第四十八条："机动车载物应当符合核定的载质量，严禁超载；载物的长、宽、高不得违反装载要求，不得遗洒、飘散载运物"的规定，对这起重大道路交通事故负有直接责任，被移交司法机关依法追究刑事责任。

按照有关法规，货运企业、客运站、物流企业、面粉企业及有关责任人员分别受到行政处分和经济处罚。

驾驶客车在高速公路违法超速行驶的现象屡禁不止。我国法律规定客车在高速公路行驶的最高车速不能超过100公里/小时，而且高速公路每

高速公路上危险的躲避

隔一段距离都设有明显的限速标志，可是客车驾驶员几乎都是置之不理，我行我素，超速行驶。另外，客车驾驶员普遍缺乏应急处置知识和正确避让能力，在处理紧急情况时，只是作出本能反应，没有从乘客的生命安全和损失最小的角度思考并采取处置方法。

事故评析一

驾驶员驾驶客车在视线良好、道路平直、路面干燥的情况下，超速行驶，在发现前方路面有遗洒的袋装麸皮时，操作不当，导致客车侧滑后与道路中央隔离墙碰刮，车辆侧翻于路面，是造成事故的直接原因之一。驾驶员如果严格按规定车速行驶，仔细观察路面情况，提前发现前方的障碍物，采取先减速后避让的措施，就不会因高速向左急转向引发侧翻，事故也就不会发生。

事故评析二

驾驶员在发现前方遗洒的袋装麸皮后，没有及时作出正确的判断，采取错误的避让措施，导致客车失控侧翻，是事故发生的一个很重要原因。驾驶员如果应急处置得当，以乘客的生命安全为最高准则，在避让障碍时果断地从保护乘客安全的角度出发，采取制动减速的方法，客车就不会倾翻。即便是客车直接撞击袋装麸皮，也不会出现车毁人亡的后果。

道路运输事故典型案例评析（一）

事故评析三

　　三位驾驶员轮流驾驶半挂牵引车运载袋装麸皮，因装载货物超出核定载质量、超出车厢栏板、捆绑不牢，致使货物遗洒于高速公路路面，发现货物丢失后又不采取报警措施，及时消除事故隐患，是造成事故的直接原因之一。如果半挂牵引车严格按规定运载，捆绑牢固，货物就不会遗洒于高速公路路面。驾驶员在发现货物丢失后，及时报警，采取必要的防范措施，也会避免这次事故的发生。

　　这起典型的道路运输事故，给驾驶员和企业留下了深刻的教训。半挂牵引车未按规定装载货物且捆绑不牢固，驾驶员发现袋装麸皮丢失未及时报警，客车驾驶员超速行驶、未提前发现障碍物，且客车驾驶员缺乏应急处置知识和处置能力，种种因素叠加在一起酿成了此次事故。事故的深层次原因应引起驾驶员和企业的深思。

　　导致事故发生的间接原因，一是运输企业和客运站及其相关人员对跨省客运车辆的管理不严格、对驾驶员安全管理教育不到位，驾驶员在高速

高速公路上危险的躲避

公路上违法超速行驶、遇紧急情况操作不当。二是物流企业安全责任不落实，对驾驶员安全教育不到位，在承运袋装麸皮时，装载物超出核定载质量、超出车厢栏板、捆绑不牢，安全措施不力，致使运输途中货物遗洒于高速公路路面。三是面粉生产企业安全管理不到位，安全意识不强，未及时制止物流企业违规装载行为，致使货物遗洒。

这是一起由于客车驾驶员违反相关法律法规等有关规定，违法超速行驶、遇紧急情况采取措施不当；货车驾驶员违法超载并超限装载致使货物洒落；以及相关企业安全生产责任不落实、安全管理不到位而导致的重大道路交通责任事故。

⚠ 事故警示

警示一：驾驶客车在高速公路行驶时，必须严格遵守限速规定，合理选择行驶车道，不超速行驶，不长时间占用内侧车道。行车过程中注意观察，提前预防，及时化解紧急情况，保证客车行驶平顺、安全。

警示二：乘客的生命高于一切。驾驶客车遇到紧急情况时，驾驶员首先要考虑到全车乘客的安全，躲避障碍和紧急处理过程中要理智，即便是付出一定的财产损失，也要绝对保证客车不倾翻、不碰撞、不驶到路外。

警示三：机动车载物应符合核定的载质量，严禁超载；载物的长、宽、高不得违反装载要求，不得遗洒、飘散载运物。出现遗洒、飘散情况要及时处理，保证高速公路畅通，必要时迅速报警或者寻求救援。

警示四：运输、物流企业和客运站，要加强对驾驶员的管理教育，提高驾驶员的遵章守法意识，培养驾驶员良好的职业道德，确保驾驶员在任何情况下都能自觉遵守交通法规，安全行车。

道路运输事故典型案例评析（一）

超载达 121% 的超速客车

——浙江省上虞市"10·26"重大道路交通事故

客车超载对安全行车或运输造成了很大隐患，严重危及乘客的生命和财产安全，诱发了大量道路交通事故，加重了事故后果。一些运输企业和驾驶员明知超载是严重违法行为，但为了自身经济利益，无视法律，置乘客的生命安危于不顾，严重违法超员载客，导致触目惊心的超载事故频频发生。

十月的江南，天气风和日丽，就在这个享有"鱼米之乡"、"葡萄之乡"、"建筑之乡"之称的上虞市区域内，发生了一起重大道路交通事故。2007年10月26日17时左右，一辆载有42人的浙江籍中型普通客车（核

超载达 121% 的超速客车

载 19 人，实载 42 人，其中 1 人为两周岁小孩）从上虞市东站开往岭南，站内发车登记载客 15 人，该车沿途陆续上客至 42 人（超员 121%）。17 时左右，客车由北往南行驶，途经上虞市百悬线 14 公里 + 260 米处的沙滩桥时，突然发现两辆电动自行车先后横过公路，客车驾驶员在慌乱躲避中处置不当，冲出西侧路外后撞到交叉路口公路西侧的警示桩，坠入落差为 1.7 米的小河中。驾驶员和乘客一共 9 人当场死亡，3 人经医院抢救无效死亡，25 人不同程度受伤，车辆严重受损，直接经济损失约 416 万元。事发后的中巴车车头朝下，几乎垂直竖立在河中，车身约四分之一进水，车左后轮斜靠在沙滩桥缘石上。河水被鲜血染红，小河因受到突如其来的打击痛苦地呻吟着，见证着这场突如其来的灾难，给逝者的亲属和受伤者都留下了无法抹去的悲痛和阴影。

中型普通客车驾驶员驾驶严重超载、制动性能不符合技术标准、擅自拆除座位的中型普通客车，违反了：①《道路交通安全法》第二十一条："驾驶人驾驶机动车上道路行驶前，应当对机动车的安全技术性能进行认真检查；不得驾驶安全设施不全或者机件不符合技术标准等具有安全隐患的机动车"。②《道路交通安全法》第二十二条第一款："机动车驾驶人应当遵守道路交通安全法律、法规的规定，按照操作规范安全驾驶、文明驾驶"。③《道路交通安全法》第四十九条"机动车载人不得超过核定的人数"。驾驶员是事故的直接肇事者，负事故的主要责任，其过错是造成事故的主要原因。鉴于驾驶员已在事故中死亡，不再追究其责任。其他相关人员分别受到相应的处分：客车所属企业董事长被依法追究刑事责任；客车售票员被依法追究法律责任；所在企业稽查队队长、安保科长、营运客车例检服务站站长受到行政处分。

道路运输事故典型案例评析（一）

如何才能弥补伤者心灵的伤痛，谁又能安慰九泉下的亡灵？这起重大道路运输事故，使12个鲜活的生命瞬间逝去，留给12个家庭亲人的只有悲伤和痛苦。客车驾驶员的违法行为造成了12名乘客家破人亡，对社会造成的危害也是无法估量的。

事故评析一

驾驶员驾驶的中型普通客车严重超载，是这次事故发生的直接原因之一。超载是客运中最危险也最容易导致事故的严重违法行为，我国法律对此有严格的规定。据记载，2007年10月26日16时32分，这辆中型普通客车（核载19人）从上虞市东站发车驶往岭南，站内发车经门检登记实际

超载达 121% 的超速客车

载客 15 人，可在沿途却陆续上客至 42 人。违法超载达 121%，这是一个多么可怕的数字。驾驶员、售票员为了一时之利，忽视了乘客的人身安全。如果这辆客车不超载，有制动故障的客车在躲避电动自行车时失控的概率会降低，事故的后果也不会如此惨重。

小知识：客车超员的后果 ◀◀◀

客车超员将严重影响车辆行驶的稳定性、操控性和制动效果，大大提高了发生事故的几率和危害程度。同时，客车超员后，无座位的乘客只能站立或蹲在拥挤的车厢内，客车行进中的一个急转弯或者紧急制动，都很容易造成乘客在车厢内磕碰或受伤，对那些根本没有任何防护和自救能力的孩子来说更容易受伤害。超员客车一旦发生交通事故，势必会加重事故的损失和后果。

事故评析二

驾驶员驾驶制动性能不符合技术标准的中型普通客车，是造成这次事故发生的直接原因之一。驾驶员明知客车制动不符合技术条件要求，仍继续驾驶故障客车运送乘客，这是一种严重的违法行为。法律严格规定，不得驾驶安全设施不全或者机件不符合技术标准等具有安全隐患的机动车。不得驾驶有故障的客车运送乘客，是客车驾驶员最基本的常识。作为一名客车驾驶员，出车前必须对车辆进行细致的安全检查，确保车辆技术状况

道路运输事故典型案例评析（一）

良好。制动完好的车辆在遇到紧急情况时，会充分发挥制动作用，缩短停车距离，有效控制行车速度，避免车辆偏离公路。

事故评析三

驾驶员擅自拆除中型普通客车的座位，是本起事故造成更大危害后果的直接原因之一。我国法律明文规定任何单位或者个人不得擅自改变机动车已登记的结构、构造或者特征。这辆中型普通客车驾驶员将客车内右前第二个座椅自行拆除，且行车记录仪损坏也没有及时更换。驾驶员不限制载客数量，一味超载，充分暴露了客运企业和驾驶员交通法制意识和安全意识淡薄，为追求经济效益的最大化，无视国家有关客运车辆的许可规定，不顾人民群众生命安全。

事故评析四

驾驶员驾驶中型普通客车，遇由东往西横穿公路的电动自行车时操作不当，是这次事故发生的直接原因之一。客车驾驶员在处理紧急情况时，必须保证车上乘客的绝对安全，这是驾驶员应具备的最基本的素质。在紧急避险过程中，绝对不能使客车倾翻、冲下山涧、落入深沟或与其他大型车辆相撞。驾驶员为了躲避两辆违法横穿的自行车，造成12人死亡、25

超载达 121% 的超速客车

人受伤、车辆严重受损、直接经济损失 416 万元的事故。体现了驾驶员对乘客的生命财产极不负责，从另一个侧面反映出驾驶员的安全意识薄弱、应急知识匮乏，不具备紧急情况处置能力，这些都是导致事故发生且后果严重的重要因素。

3

驾驶员驾驶私自拆除座椅、严重超员且制动有问题的中型普通客车，在躲避横过公路的电动自行车时，竟不顾全车乘客的生命安全，车辆失控坠入河中。事故的教训十分沉痛，给人们留下了很多思考。从事故后处分的各级干部数量之多，可以清楚地看出，这次事故的发生有着深层次的原因。

事故车辆为客运中巴车，行驶证车主为客运企业。该车于 2005 年 9 月 20 日由驾驶员个人出资购买，并承包驾驶。中型普通客车总质量 4490 千克，核定载客 19 人。出厂日期为 2004 年 12 月 18 日，检验有效期至 2007 年 12 月 31 日，车辆年检情况正常。事发后，经专业旧机动车辆鉴定

道路运输事故典型案例评析（一）

评估有限公司鉴定：转向系技术状况良好，转向工作正常、有效；制动不符合《机动车运行安全技术条件》（GB 7258—2004）及《汽车维护、检测、诊断技术规范》（GB 18344—2001）的技术条件要求；车内右前第二个座椅被自行拆除；行车记录仪被损坏。可见企业和驾驶员为了经济利益，置乘客的生命安危于不顾，极其不负责任。为达到超员的目的，驾驶员私自改装车内设施，明知客车制动有问题还继续运送乘客，也是导致事故发生的一个重要原因。

肇事车辆所在企业主要负责人安全意识不强，管理不严，安全管理制度、措施落实不力，对企业驾驶员及从业人员的安全培训教育工作流于形式。对肇事客运中巴车经常性超员运营情况，从不认真分析和研究其原因，更不制定切实有效的措施加以制止，片面追求经济效益，助长了驾驶员冒险超载的违法行为。

⚠ 事故警示

警示一：客车驾驶员要具备良好的职业道德，时刻将乘客的生命财产安全放在首位，安全平顺地驾驶客车。

警示二：驾驶机动车上道路行驶前，要对机动车的安全技术性能进行认真检查，不驾驶安全设施不全或者机件不符合技术标准等具有安全隐患的机动车。

警示三：客车驾驶员要严格按照客车核定载客人数承载，不得违法超员，更不能为了超员私自拆改座位、增设座位。

警示四：在紧急避险过程中，要确保乘客的绝对安全，尽量减小损失，绝对不能使客车倾翻、冲下山涧、落入深沟或与其他大型车辆相撞。

警示五：售票员要时刻牢记自己的责任，严格遵守载客规定，不得在中途让乘客上车，严禁在客车超员的情况下揽客。

警示六：企业和管理部门要切实履行各自的安全管理职责，高度重视客运安全管理工作，严格落实安全管理制度和措施，及时消除安全隐患，确保客运安全。

闯红灯的惨痛教训

闯红灯的惨痛教训

——山东省济宁市"12·29"特大道路交通事故

"红灯停,绿灯行"是孩子们都知道的最基本的交通常识,可很多客运驾驶员却屡屡违反这一基本的通行规则,大胆违法超速闯红灯,酿成重大道路交通事故。闯红灯的客运驾驶员为什么会频繁犯这种低级错误呢?究其根本原因还是存在侥幸心理。驾驶员在路口遇红灯时要克服一时的侥幸心理,自觉遵守交通信号灯的通行规则,安全通过路口。

2009年12月29日,天气晴朗,还有两天就要步入新的一年了,人们都在忙碌着,准备迎接新年的到来。17时左右,一辆河南籍大型普通客

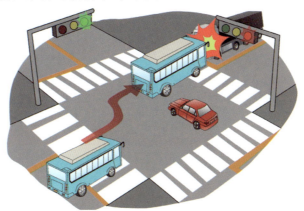

道路运输事故 典型案例评析（一）

车乘载 27 人（核载 35 人）由山东临沂驶往河南商丘，行至山东省济宁市开发区境内 335 省道与黄王路交叉口处，因驾驶员驾驶制动有严重问题的客车无视红灯信号超速驶入路口，在躲避其右侧黄王路方向驶来的车辆时，向左转向后偏驶入对向车道，于路口东南侧与对向超速驶来进入该路口的山东籍重型半挂汽车列车发生迎面斜碰撞，造成 5 人当场死亡、11 人经抢救无效死亡、9 人受伤、两车报废的严重后果。

客车驾驶员驾驶 ABS 系统失效、前轮制动性能下降的大型普通客车，通过有交通信号灯控制的路口时，超速抢行闯红灯驶入路口，违反了：①《道路交通安全法》第二十六条"红灯表示禁止通行，绿灯表示准许通行，黄灯表示警示"。②《道路交通安全法》第三十八条"车辆、行人应当按照交通信号通行"。③《道路交通安全法》第二十一条"驾驶人驾驶机动车上道路行驶前，应当对机动车的安全技术性能进行认真检查；不得驾驶安全设施不全或者机件不符合技术标准等具有安全隐患的机动车"。④《道路交通安全法》第四十二条："机动车上道路行驶，不得超过限速标志标明的最高时速。在没有限速标志的路段，应当保持安全车速"。⑤《道路交通安全法实施条例》第三十八条第三款"红灯亮时，禁止车辆通行"。客车驾驶员在这次事故中负全部责任，由于涉嫌重大事故责任罪，被司法机关依法追究刑事责任。

重型半挂汽车列车以 88 公里/小时的速度超速驶入路口，违反了《道路交通安全法实施条例》第四十五条"在没有限速标志、标线的道路上，机动车不得超过下列最高行驶速度：（一）没有道路中心线的道路，城市

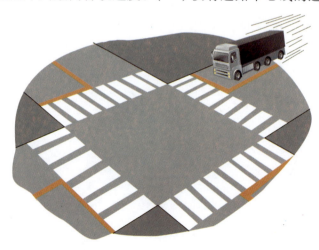

道路为每小时 30 公里，公路为每小时 40 公里；（二）同方向只有 1 条机动车道的道路，城市道路为每小时 50 公里，公路为每小时 70 公里"的规定，对事故发生承担部分责任。

交叉路口红灯亮时，禁止通行，这是最基本的交通常识，可很多驾驶员存在侥幸心理，在没有交通警察和监测设备的路口，闯红灯的现象时有发生。"视红灯而不见"的违法行为，严重威胁着交叉路口的通行安全。

事故评析一

大型普通客车驾驶员通过有交通信号灯控制的路口时，无视红灯信号超速驶入路口，且采取避让措施失效，与重型半挂汽车列车发生迎面斜碰撞，是导致事故发生的主要原因。"红灯停、绿灯行"是人人都知道的常识，

道路运输事故典型案例评析（一）

而闯红灯的现象却屡见不鲜，因此闯红灯的危险性应引起驾驶员足够的重视。此事故中如果客车驾驶员在路口减速停车，严格遵守红灯信号，悲剧就不会发生。

> **小知识：交通信号为什么要使用红绿灯？**
>
> 根据科学测定，波长短的光比波长长的光容易被散射掉，绿光的波长比红光的波长要短，所以绿光容易被散射掉，而红光相对表现出较强的穿透能力。设有交通信号灯的地方往往是交通情况复杂、车辆行人密集之处，也常常是交通事故多发区。特别是在天气条件不好、能见度不高的情况下，由于红光穿透能力较强，驾驶员能清楚地看到红灯，从而能有效提醒驾驶员减速，以保证行车安全。

事故评析二

大型普通客车和重型半挂汽车列车超速行驶，是引发事故的原因之一。大型普通客车以 75 公里/小时的速度进入路口，重型半挂汽车列车当时的车速约为 88 公里/小时，两车都属于超速行驶。如果两车都能遵守法律规定，在行至路口前减速行驶，就有可能避免碰撞，即便是发生迎面斜碰撞，事故后果也会大大减轻。

事故评析三

事故后对车辆检测发现，两车的制动系统都存在不同程度的安全隐患。客车 ABS 制动系统已失效，ABS 轮速传感器连接线在事故前已断裂，前轮制动盘存在大量龟裂及裂纹，且制动盘表面有烧蚀现象。重型半挂汽车列车前轴车轮制动失效，制动性能降低。两车制动装置技术状况均不良，驾驶运输车辆带"病"上路，也是事故发生的原因之一。

闯红灯的惨痛教训

  驾驶客车在交叉路口按照信号灯通行是驾驶员最基本的常识，一名道路客运驾驶员竟然在路口超速闯红灯，引发了一场群死群伤的特大道路交通事故，付出了巨大的代价。从另一个方面也表明运输企业对驾驶员的安全教育存在着严重问题。

  客车驾驶员所在运输企业未认真履行安全生产职责，安全责任制落实不到位，只重视企业的经济效益，忽视道路运输安全工作，只是被动地应付上级和主管部门的检查，安全教育培训更是流于形式。运输车辆没有严格执行车辆二级保养和例检制度，让安全性能不合格的车辆上路运营，对事故的发生承担管理责任。

道路运输事故典型案例评析（一）

⚠ 事故警示

警示一：通过交叉路口，要严格按照交通信号灯、交通标志、交通标线或者交通警察的指挥通过。在交叉路口不按照交通信号灯通行，黄灯亮抢行或闯红灯，不仅破坏了交叉路口的交通秩序，使路口交通阻滞，而且很容易造成车辆和车辆之间、车辆和非机动车或行人之间的碰撞，甚至导致恶性交通事故的发生，严重威协他人和自己的生命财产安全。

警示二：交叉路口的交通情况相对复杂，常会出现突如其来的异常情况，是交通事故的多发地点。在通过交叉路口前，要提前减速行驶，保持高度警觉，注意观察交通信号，不仅要观察前方，还要留意左右两侧的车辆和行人。通过有交通信号灯的路口时千万不能大意，做好应对特殊情况的准备，预防其他方向的车辆和行人闯红灯进入路口阻碍交通。

警示三：坚持对车辆进行安全检查，保持车辆技术状况良好，是确保安全行车的关键。驾驶故障车或有安全隐患的车辆上路行驶，一旦出现机械故障或者操作失控，将会严重危及行车安全，容易引发道路交通事故。

警示四：加强对企业驾驶员的安全教育是确保运输安全的重要途径。企业要加强对驾驶员的遵章守法教育、安全知识教育、职业道德教育。做好安全教育能有效地降低事故风险，消除事故隐患并遏制事故发生，确保道路运输安全，为企业生存、发展提供保障。

17 疲劳驾驶引发的惨剧

——贵毕公路"5·7"特大道路交通事故

凌晨是长途客运驾驶员最容易疲劳的时段，疲劳后继续驾驶客车无疑是非常危险的。客运驾驶员由于疲劳驾驶导致的一幕幕惊心动魄的惨剧仍在不断上演，这不得不引起运输企业和每一位驾驶员警醒。运输企业和驾驶员要坚决制止和杜绝疲劳驾驶这种对生命极不负责任的违法行为。

2007年5月7日凌晨，天色渐渐发亮，一辆从浙江金华市开往云南昭通市镇雄县的云南籍双层卧铺大客车（核载44人，实载43人，其中含4名学龄前儿童），在黎明中向目的地行驶。疲劳的乘客，经过了两天两夜的长途旅行，大多数都还在睡梦中。此时的客车驾驶员已经连夜4个多小

时持续驾驶车辆，两眼开始疲倦发沉，眼皮时而合到一起，时而又勉强睁开，但他仍坚持手握转向盘继续向黔西县方向行驶。6时左右，当客车行至黔西县境内贵毕公路82公里+180米处时，由于驾驶员过度疲劳驾驶，客车突然驶入对向车道，撞坏公路左侧波形护栏后冲出护栏，翻下斜长137米、垂高80米深的谷底，顷刻间山下便传来一片哀号声……一场18人死亡（其中有3名儿童）、24人受伤、直接经济损失高达600万元的特大道路交通事故瞬间发生。

客车驾驶员在极度疲劳的状态下，不顾乘客的生命安全，继续驾驶客车行驶，违反了：①《道路交通安全法》第二十二条"机动车驾驶人过度疲劳影响安全驾驶的，不得驾驶机动车"。②《道路交通安全法实施条例》第六十二条第七款"驾驶机动车不得有下列行为：连续驾驶机动车超过4小时未停车休息或者停车休息时间少于20分钟"。客车驾驶员对此次事故负有直接责任，涉嫌构成交通肇事罪，被移送司法机关追究刑事责任。由于事故重大，相关人员受到处理，该运输企业的安全科科长、副总经理、保险部部长被行政记大过，企业总经理被行政撤职并罚款4万元、管理处主任被行政撤职并罚款3万元。

客车驾驶员疲劳驾驶是一种对乘客生命极不负责任的危险行为，我国道路交通法律、法规明令禁止不得疲劳驾驶机动车，可是肇事客车驾驶员无视法律法规，至乘客的生命于不顾，冒险驾驶客车营运，导致事故发生。

事故评析一

客车驾驶员从5月7日1时30分，连续行驶212公里，于5月7日

6时行至事故地点,超过4小时未停车休息。长时间疲劳驾驶,导致驾驶员操作失当,驶入对向车道,撞坏公路左侧波形护栏翻到谷底,是此次事故发生的直接原因。驾驶员如果感觉到疲倦时,以乘客安全为重,及时将车辆停到安全地带休息,待疲劳缓解后再继续驾车,或者及时替换另一位同车驾驶员驾驶,就不会发生客车方向失控、冲出道路的悲惨事故。

小知识:疲劳驾驶的危害

驾驶员疲劳时,会出现视线模糊、腰酸背疼、动作呆板、手脚发胀或精力不集中、判断能力下降、反应迟钝、思考不周全、精神涣散、焦虑、急躁、操作失误等现象。驾驶员轻微疲劳时,会出现换挡不及时、不准确;驾驶员中度疲劳时,操作动作呆滞,有时甚至会忘记操作;驾驶员重度疲劳时,往往会下意识操作或出现短时间睡眠现象,严重时会失去对车辆的控制能力。如果驾驶员疲劳时仍勉强驾驶车辆,极易导致交通事故。

事故评析二

经鉴定,该客车右后轮行车制动性能不符合技术标准,车辆在制动过急或紧急制动时,车辆右后轮制动失效后,车头会迅速向左偏离,从而为客车向左偏移、驶入对向车道撞击左侧波形护栏埋下隐患。驾驶员过度疲

道路运输事故典型案例评析（一）

劳驾驶，往往会出现意识模糊，操作错误，一旦瞬间意识消失，在恢复意识霎那间的第一反应就是制动，当制动过急或紧急制动时，危险性极大，一般都会导致车毁人亡的交通事故。如果客车制动性能良好，或许能够在短时间和较短距离内及时降低车速或停车，避免车辆偏驶。

事故评析三

侥幸心理及盲目自信心理对于客车驾驶员是最致命的，也是导致事故发生的重要诱因之一。该客车驾驶员37岁，有18年驾龄，并具有合法的客运从业资格。驾驶员已经感到过度疲劳后，由于一时心存侥幸，对自己驾驶状态盲目自信，麻痹大意，继续冒险驾驶客车，导致事故发生。客车驾驶员如果能克服侥幸心理，及时警觉到自己的疲劳驾驶状态，就不会引发事故。

疲劳驾驶是客车驾驶员的顽疾。驾驶员连续驾驶超过4小时以上不休息，感到疲倦时不停车休息，继续侥幸驾驶制动性能不良的客车从事运输，最终酿成了这起事故，一名客车驾驶员为什么会有这么多违法行为，应该引起每一位相关者的思考。

一起重大道路交通事故发生之后，人们会发现，事故原因往往都源于对驾驶员的放纵和一些管理细节的疏忽。该客车驾驶员平时经常逃避企业组织的安全驾驶培训，违反企业制定的"定车定人"的规定，其中4月份两次学习记录的签名都由他人代签。该客车曾经在一个月之内有过两次超速的交通违法行为。企业明知驾驶员违反规定，但却采取了放任的态度，还允许驾驶员从事长途客运，对驾驶员的安全教育和车辆安全检查流于形式。经了解，客车驾驶员所属企业近5年共发生两起一次死亡10人以上的特大交通事故，其中某年度3月28日和8月9日就分别发生过亡28人伤3人和亡22人伤11人的事故。尽管有过一年内发生两起特大道路交通事故的记录，但企业对安全工作仍未引起重视，只是在表面上做了一些简单的规定，没有针对超长线运输特点制定具体管理制度和措施，落实安全责任不到位，企业对此次事故负有重要管理责任。

道路运输事故典型案例评析（一）

⚠ **事故警示**

警示一：驾驶员疲劳驾驶时，注意力不集中，判断能力下降，甚至会出现精神恍惚或瞬间记忆消失，驾驶车辆存在动作迟误或过早，操作停顿或修正时间不当等不安全因素，极易发生道路交通事故。

警示二：客车驾驶员应保障有充足、必要的睡眠时间，每天睡眠时间不少于8小时，以防止疲劳，保持旺盛的精力。

警示三：驾驶员连续驾车超过4小时，应停车休息，每次休息时间不少于20分钟。24小时内驾驶时间累计不得超过8小时。

警示四：驾驶员要合理控制驾驶时间，尽量避免饱餐后、正午和深夜容易疲劳的时段行车。

警示五：制动系统性能良好是确保行车安全的重要前提条件，企业和驾驶员要严格按规定检查车辆性能，严禁将有安全隐患的故障车投入运营。

故障车超速抢行引发群死群伤

18 故障车超速抢行引发群死群伤

——重庆北碚长生桥"4·23"特大道路交通事故

车辆的安全技术状况直接关系到行车安全,驾驶故障车侥幸上路行驶,发生事故的概率增大,存在严重的安全隐患,容易引发车辆侧滑或倾翻等交通事故。对于客运驾驶员来说,客车的安全技术状况事关重大,稍有疏忽就会导致群死群伤的重大交通事故。

重庆气候温和,冬暖夏热,雨量充沛,湿润多阴,天气经常多雾,素有"雾重庆"之称。2007年4月23日这一天,重庆市小雨蒙蒙,路面潮湿,一辆核定载客25人的重庆籍大客车搭载21人,由渝北区两路镇驶往北碚区,沿途乘客上上下下,上午8时10分,已经搭载32人的客车行驶至北碚区水土镇干洞子长生桥路段时,正逢路面进行保养施工,车道变窄,路面湿滑,客车驾驶员见其前方车辆快速驶过施工路段,而且相对方向已经有车辆在施工路段入口等候让行,

道路运输事故典型案例评析（一）

想紧跟前方车辆通过施工路段，因而继续以47公里／小时的速度超速行驶。当客车驾驶员发现对方车辆起步并且已经驶入施工路段后，为了避免撞车，采取紧急制动措施准备停车，由于ABS装置失效，大客车前、后轮均出现抱死现象，后轮抱死又导致客车侧滑，车身向左偏离正常行驶方向，从道路右侧冲向道路左侧，客车此时失去转向能力，冲垮桥面护栏，坠落于桥下垂直高度12.78米干涸的河沟里，车上32人中有22人当场死亡，另有4人经抢救无效死亡，另外6人均不同程度受伤，一场特大道路交通事故就这样瞬间发生。

驾驶员驾驶具有安全隐患的客车超速、超载行驶，违反了：①《道路交通安全法》第二十一条"驾驶人驾驶机动车上道路行驶前，应当对机动车的安全技术性能进行认真检查；不得驾驶安全设施不全或者机件不符合技术标准等具有安全隐患的机动车"。②《道路交通安全法》第四十二条"机动车上道路行驶，不得超过限速标志标明的最高时速。在没有限速标志的路段，应当保持安全车速。夜间行驶或者在容易发生危险的路段行驶，以及遇有沙尘、冰雹、雨、雪、雾、结冰等气象条件时，应当降低行驶速度"。③《道路交通安全法》第四十九条"机动车载人不得超过核定的人数"。客车驾驶员在这次事故中负有直接责任，根据《刑法》第一百三十三条，涉嫌交通肇事罪，被移送司法机关追究刑事责任。

客车承包人明知车辆左、右前轮无减振器，ABS装置有故障，却指使客车驾驶员驾车从事营运活动，违反了《道路交通安全法》第二十二条第三款"任何人不得强迫、指使、纵容驾驶人违反道路交通安全法律、法规和机动车安全驾驶要求驾驶机动车"的规定。根据《刑法》第一百三十三条，涉嫌交通肇事罪，被移送司法机关追究刑事责任。机动车检测有限公司两名检测员涉嫌重大责任事故罪，被移送司法机关处理。

这起特大道路交通事故给人民生命财产带来了巨大损失，社会负面影响较大，有21名相关责任人受到处理。汽车总站副站长、运输企业总经理分别受到行政降级、党内严重警告处分。汽车总站站长、运输企业副总经理受到行政撤职、撤销党内职务处分。修理企业、事故路段施工单位、监理公司等部门相关负责人受到不同程度的行政处罚，相关行政领导被问责。

故障车超速抢行引发群死群伤

小知识：1. "四不放过"处理原则 ◀◀◀

温家宝总理在2004年2月16日国务院常务会议上首次提出国家对发生事故后的"四不放过"处理原则，其具体内容是：

(1) 事故原因未查清不放过；
(2) 事故责任人未受到处理不放过；
(3) 事故责任人和周围群众没有受到教育不放过；
(4) 事故没有制订切实可行的整改措施不放过。

事故处理的"四不放过"原则要求对安全生产工伤事故必须进行严肃认真的调查处理，接受教训，防止同类事故重复发生。

事故评析一

客车驾驶员在明知雨天路滑，前方道路因为施工变窄并容易发生危险的情况下，没有降低行驶速度，以47公里/小时的速度超速行驶，欲紧跟前方同向车辆通过施工路段而继续行驶，当其发现对向车辆起步并驶入施工路段后，为避免撞车，紧急制动停车，是造成客车侧滑的一个主要原因。

道路运输事故典型案例评析（一）

如果两车都能互相礼让，减速或停车让行，通过施工路段时提前降低车速并示意对方车辆让自己优先通过，或者在看到相对方向已有车辆在施工路段入口等候让行的情况后停车让行，就不会出现两车同时进入施工单行路段无法通过的现象。

事故评析二

客车存在严重的安全隐患，前悬架系统未装置减振器，右后减振器明显渗油，左后钢板有多处裂纹，在一定程度上降低了前轮的附着力，右后轮无 ABS 传感器，致整车 ABS 装置失效，车辆紧急制动时前后轮均出现抱死现象，致使车辆偏离行驶方向且难以修正。另外，由于车辆速度较快，已不能及时停住或改变行驶方向，车辆在速度已经降低的情况下冲垮桥面护栏，坠落于桥下。如果客车前悬架系统装有减振器，ABS 装置能正常工作，在驾驶员采取紧急制动时，客车就不会因车轮抱死出现侧滑，方向也不会失控，并能实现迅速减速或停车。

事故评析三

客车驾驶员沿途上下乘客，至事发地点时车辆搭载32人，超载7人（核载25人，实际乘载32人），进一步加大了事故后果。客车如果不超载，在发生事故时，乘客的伤亡就会大大减少，损失也会降低。

故障车超速抢行引发群死群伤

事故评析四

驾驶员操作错误造成客车发生侧滑。客车驾驶员发现对方车辆起步并驶入施工路段后,为避免撞车第一次紧急制动后,后轮抱死导致车头向左、车尾向右侧滑,驾驶员立即松开制动踏板并向右转动转向盘,客车已得到控制。但当客车驶入桥面施工路段,客车驾驶员看到对方车辆已进入施工路段单行道无法通过,又一次采取紧急制动措施,车辆再一次出现侧滑现象,车身向左偏离正常行驶方向,从道路右侧冲向道路左侧。驾驶员如果在第一次控制住客车后,低速或停车避让,就会避免第二次制动和侧滑,客车也就不会冲垮桥面护栏,坠落于桥下。

事故评析五

施工单位在该路段组织施工时,未按《道路交通安全法》、中华人民共和国公共安全行业标准《道路作业交通安全标志》(GA 182—1998)第六条、第七条和交通部《公路养护工程管理办法》第十三条等规定要求设置相应的道路施工警示标志、限速标志、道路变窄标志和其他辅助标志,也没有交通安全员指挥、疏导交通,实行单向交替放行,致使该路段的交通组织处于无序状态,为事故的发生埋下隐患。如果施工单位标志设置齐全、清晰,在交通流量大时,有专人引导或指挥,就不会造成车辆无序抢行。

道路运输事故典型案例评析（一）

驾驶制动有故障且严重超员的客车，在湿滑路面抢行通过施工路段，制动时发生侧滑，瞬间造成特大道路交通事故。此次事故表面上看是由于驾驶员违法行为造成的，但事故责任主体涉及运输企业、道路运输管理部门、交通执法部门、施工单位，具有"事故原因多元化、责任主体分散"的特点，这足以说明运输企业的责任以及相关行业管理部门的监督管理与事故的发生有着重要的关系。

客车驾驶员驾驶有安全隐患且超载的车辆，在事发路段超速行驶是造成该事故的主要原因。施工单位未在施工路段设置规范的警示、限制标志，未安排专人在施工现场值守并维持施工现场的交通秩序是造成该事故的次要原因。

企业和车站安全管理和日常安全检查不到位，车辆技术管理存在缺陷，安全隐患没有得到有效控制，驾驶员超载、超速等变成习惯性违法行为，为行车安全埋下隐患。运输企业近两年先后发生5次造成重大人员伤亡和国有资产重大损失的重特大道路交通事故，说明企业落实安全生产主体责任不力，管理混乱且存在隐患，导致事故频发。

汽车修理厂在事故车辆减振器存在缺陷后仍通过二级维护并出具合格证，机动车检验机构出具虚假检验报告，是事故发生的间接管理原因之一。

⚠️ **事故警示**

警示一：驾驶存在安全隐患的故障车辆，容易引发道路交通事故，严重威胁道路交通安全。驾驶员在出车前，应对车辆技术状况做全面检查，坚持不开带"病"车上路。在行车过程中发现车辆存在安全隐患，应及时停车检修或求援。

警示二：驾驶车辆经过施工路段前，应仔细观察，自觉按照标志标线通行，服从管理人员指挥，提前降低车速，以安全的速度通过。在无人指挥的施工地段，要减速慢行，礼让行车，自觉维护通行秩序，保持施工路段有序畅通。

警示三：道路运输相关行业，如汽车维修企业、汽车检测企业、汽车运输企业、道路维修或施工企业等都应该认真履行安全生产职责，责任落实到人，做好安全检查，排除安全隐患，确保车辆技术状况良好、道路状况及标志标线规范。

警示四：道路运输安全涉及道路建设、车辆维修、车辆检测等相关行业。道路运输行业要认真履行自己的职责，相互沟通，诚实守信，把好各自的安全责任关，有效降低事故发生的概率，预防和杜绝安全责任事故。

警示五：挂靠车辆、单车承包经营，趋利性十分明显，在利益的趋动下，车主和驾驶员经常违法营运，安全生产措施难以落实。驾驶员超速超载行驶，车辆长时间带"病"营运，均与挂靠承包经营方式的趋利性有直接关系。要坚决纠正"只挂不管"、"以包代管"的经营方式，逐步建立健康有序的运营秩序。

驾车接听的第 25 次电话

——云南省红河州个旧市"7·17"道路交通事故

客运驾驶员驾车时很随意地接听和拨打手机，是一种看似平常但却违法的行为，而且乘客通常意识不到危险性，对这种违法行为也习以为常，很少当面制止，这从另一方面又助长了驾驶员驾车接打手机的不良习惯。由于驾驶员接打手机导致的一起起重大交通事故，给乘客的生命和财产安全造成了巨大损失，发人深省。

7月份的云南红河河畔，风景秀丽，一片春意盎然。一辆从元阳客运站驶往个旧方向的云南籍中型普通客车（载21人，含驾驶员和两名免票儿童），沿个元公路以80公里/小时的速度行驶（该路段最高限制行驶速度为70公里/小时）。2008年7月17日13时24分，客车行至个元公路42公里+800米处时，驾驶员因违法接听手机，导致车辆行驶路线偏移，采取制动措施无力，客车飞快向右驶出路面，撞毁道路外侧护栏墩，翻滚入距离路面23.6米的红河中。事故发生后从红河中打捞出5具遇难者遗体，8人被红河水冲走下落不明，6人受伤，直接经济损失145.89万元。

驾车接听的第 25 次电话

客车驾驶员驾驶客车在道路上行驶,无视交通安全,违法接听手机,并且超速行驶,发生事故,造成重大人员伤亡。违反了:①《道路交通安全法实施条例》第四十五条第二款"机动车在道路上行驶不得超过限速标志、标线标明的速度。在没有限速标志、标线的道路上,机动车不得超过下列最高行驶速度:同方向只有1条机动车道的道路,城市道路为每小时50公里,公路为每小时70公里"。②《道路交通安全法实施条例》第六十二条第三款"驾驶机动车不得有拨打接听手持电话、观看电视等妨碍安全驾驶的行为"。客车驾驶员负事故的全部责任,根据《刑法》第一百三十三条,涉嫌交通肇事罪,被依法吊销相关证件,终身禁止驾驶客运车辆,移送司法机关追究刑事责任。其他相关人员分别受到党内记过、行政记过、行政警告和经济处罚等处分。

道路运输事故典型案例评析（一）

驾驶机动车拨打或接听手机，会分散驾驶员观察及操作的注意力，尤其电话中听到不愉快或者不顺心的事，会影响驾驶员的情绪，导致驾驶操作失误，安全隐患极大。客车驾驶员一边驾驶一边接打手机的现象较为普遍，殊不知在接打手机过程中，一瞬间的分神，一个小的错误动作，都会威胁到乘客的生命安全。

事故评析一

客车驾驶员驾驶客车在道路上行驶，无视交通安全，违法接听手机，妨碍安全驾驶，而且在当日事故发生前共接打25次手机，事故发生时其也正在通话中。说明驾驶员有长期驾车接打手机的习惯性违法行为，这种严重违法行为是导致驾驶员操作错误、车辆发生偏移的主要原因。驾驶员如果能够严格遵守法律法规，驾车时不接打手机，就会集中注意力，避免因操作错误而导致重大交通事故。

事故评析二

在最高限制行驶速度为70公里/小时的路段，客车驾驶员驾驶客车以80公里/小时的速度行驶，超过该路段规定的最高限制行驶速度，车辆行驶方向发生偏移时，驾驶员采取制动措施无力，导致车辆驶离路面，撞毁道路南侧护栏墩,是事故发生的一个重要原因。驾驶员在接打手机时超速行驶,大大增加了发生事故的概率。驾驶员如果严格按照规定速度行驶,不接打手机,就会避免事故的发生。

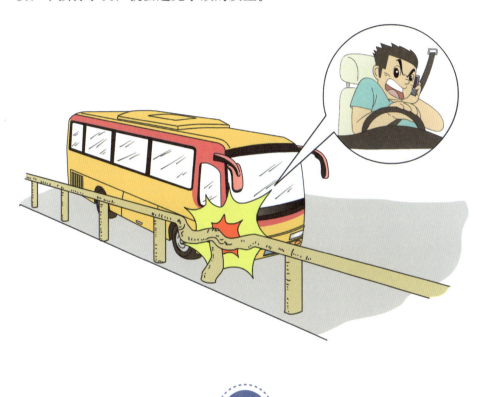

3

　　边驾驶客车边接打手机的现象非常普遍,尤其长途驾驶员这种现象更为严重。驾驶员都知道驾驶机动车拨打或接听手机是违法行为,可为什么还有这么多驾驶员仍置法律于不顾,分析深层次原因,不得不引起人们的深思。

　　这是一起由于运输企业落实安全生产管理和安全检查措施不力,对驾驶员安全教育培训不到位,驾驶员安全意识差,违法在行车过程中使用手机通话引起的道路交通安全责任事故。该客车所在客运企业落实安全生产主体责任不到位，安全生产管理制度比较陈旧，不能有效约束客运驾驶员在从事客运过程中的违法违章行为；企业制度落实不到位，管理混乱，安全责任不明确；在签订的相关合同中，规避主要责任；对驾驶员频繁接打手机、超速行驶等严重影响交通安全的违法违规行为没有组织针对性教育，安全管理存在较多盲区，是事故发生的一个重要因素。企业未能充分履行安全生产管理职责，对事故的发生负管理责任。

通过深入调查，发现相关管理部门安全管理存在漏洞，在事故发生前已巡查出个元公路42公里+800米处（事故发生点）一个护栏墩受撞损坏，但因肇事车辆逃逸无法结案，长达5个月时间未进行修复。个元公路通车后，该路段仅有一块距离事故发生地点14公里的限速警示标志牌，无法对驾驶员限速行驶起到有效警示作用。客运站查验制度不严格，客运站售票员在查验过程中有代替驾驶员签字的现象，对事故的发生负有一定的责任。

⚠ 事故警示

警示一：驾驶机动车时接打手机是一种违法行为，这种行为危险性大，会干扰正确判断和正常操作，引发操作错误，造成交通事故，驾驶机动车时要坚决杜绝这种危险行为。

警示二：驾驶员驾驶机动车时接打手机，会分散注意力，对外围视觉的感知能力降低，单手操纵转向盘遇到紧急情况时，往往不能有效地控制车辆，容易造成追尾、刮碰等交通事故。

警示三：车辆超速行驶是导致交通事故的一个主要原因，已成为道路交通的"第一杀手"。车辆行驶中超过交通安全法律、法规规定或交通环境允许的速度，极易发生碰撞、倾翻等重特大交通事故。

警示四：企业应加强安全生产管理和安全检查力度，组织落实好企业安全生产制度，强化对驾驶员的安全教育培训，将驾驶员安全教育制度化，切实提高驾驶员遵章守法、安全行车的自觉性，及时发现和制止驾驶员的违法行为。

道路运输事故典型案例评析（一）

行政降级、行政撤职、撤销党内职务、行政记过、党内警告、党内严重警告、记大过等处分。

谁都想不到，就在这短短 8.5 公里的行程内，由于驾驶员服用了有副作用的药物，在感觉不舒服的情况下强打精神勉强继续驾驶客车，造成了 30 人死亡、20 人受伤、直接经济损失 739 万元的重特大交通事故。

事故评析一

客车驾驶员身患感冒，输液吃药后精神状态欠佳，因药物反应又进一步导致体力、精力和操控车辆能力下降，在车辆发生侧滑时，临危反应迟缓，当车头右前角即将撞上右侧人行道路沿石时，向左急转方向，并踩踏加速踏板试图控制车辆行进方向。因踩踏力量过大，导致车辆速度加快，冲上人行道，撞坏护栏，坠落引桥下是事故发生的直接原因。如果客车驾驶员没有服用有副作用的药物，或者

小知识：影响安全行车的药物及其副作用 ◀◀◀

药物类型	副作用	药物举例
镇静剂	使人肌肉活力下降，情绪消极 使人头晕目眩、乏力 使机体动作失调、反应迟钝	安定片、安达可辛等
兴奋剂	减弱人的抑制因素作用，丧失警惕性，过高估计自己的操作能力	咖啡因等
致幻剂	产生幻觉 体力和智力下降，短时间内丧失驾驶能力	普西比辛等

输液吃药后,向医生了解清楚药的副作用,明确副作用对安全驾驶的影响,在服用药物及输液后不驾驶客车,就能避免因药物酿成大祸。

事故评析二

客车驾驶员在限速 40km/h 的雨天路面湿滑的路段,驾驶大客车进入嘉陵江石门大桥南引桥右转弯时,未按规定降低行驶速度,导致车辆后轮出现向左侧滑是事故发生的主要因素。客车驾驶员如果在雨天湿滑路段,按规定降低车速,就不会在转弯时发生侧滑,事故也就可以避免。

事故评析三

13 时 13 分,大客车行至江北松树桥立交桥时,客车驾驶员感到身体不适,曾打电话给轮班驾驶员,要求其驾驶。轮班驾驶员称自己已饮酒,要晚些时候来。客车驾驶员没有再向企业求援,仍继续勉强驾驶客车行驶,是导致事故发生的一个主要原因。如果客车驾驶员知晓轮班驾驶员不能接替后,及时停车休息或者给企业打电话请求安排其他驾驶员替班的话,也不会导致这场事故发生。

道路运输事故典型案例评析（一）

事故发生地点位于嘉陵江石门大桥南引桥上，该桥从大桥北岸连接桥梁加主桥，全长781米，南引桥长270米，桥面（引桥）为水泥路面，双向四车道，引桥车行道中心施划有黄色单实线，同向车道以白色虚线分隔快慢车道，路段限速40公里/小时。事故车行驶方向两条行车道共宽8.9米，对向两条行车道共宽8.8米，行车道两侧为人行道，人行道宽2.96米，比行车道高0.37米。人行道外侧即引桥两侧都安装有高1.2米的引桥护栏。事故路段为下坡右转弯道（车行方向），弯道半径150米，下坡纵向坡度2.5%，并设有限速40公里/小时的标志。事发当天为阴雨天气，路面湿滑，是事故发生的一个客观条件。

该客车驾驶员2003年3月28日，增驾取得大型客车准驾资格，准驾车型为A1、A2、E；2005年10月经培训考试合格，取得从事旅客运输（大客）、货物运输从业资格证；各种证件都在有效期之内，而且本年度按照规定向车辆管理所提交了身体检查合格证明。但2006年3月31日凌晨驾驶客车在重庆市五桂路路段发生一起重大道路交通事故，造成1人死亡，经公安交通管理部门认定，驾驶员和死者在此次事故中负同等责任。驾驶员在本交通违法记分周期内有2分违法记录。短短不到5个月的时间，还是这位驾驶员，又演绎了一场重特大交通事故，从中可以看出驾驶员没有认真吸取上次事故血的教训。

经事后调查，客车所在企业安全管理混乱，安全规章制度不落实。没有按照国家有关规定和企业安全生产工作的实际需要配备安全管理人员，没有认真开展路检路查，对运营车辆的安全生产工作一包了之，"以包代管"，对驾驶员管理失控；没有及时纠正和处理承包人及驾驶员的违法违规行为，未及时消除事故隐患；明知肇事车辆驾驶员在3月31日发生一起重大道路交通事故且负同等责任，已不具备继续驾驶营运客车资格，但企业既未向交通运输主管部门报告，又没有依法解聘驾驶员和作出任何处理；知道肇事车辆存在大量违法记录，却未督促有关驾驶员到交警部门接受处理，是事故发生的一个非常重要的间接原因。

该企业上级单位控股集团，对下属企业管理不力，未履行安全生产管理职责，不重视安全生产工作，没有督促下属企业制定安全管理工作目标考核制度，没有对安全生产工作进行监督检查；对下属企业在安全管理人员配备、安全制度落实、从业人员安全培训等方面督促指导不力，对下属企业不履行安全生产管理职责的问题失察。以上这些问题，都足以说明这次事故的发生不是偶然的。

⚠️ **事故警示**

警示一：药物对驾驶员的副作用不容忽视，作为企业和驾驶员都要高度重视。驾驶员服用国家管制的精神药品或者麻醉药品，或者患有妨碍安全驾驶机动车的疾病时，不得驾驶机动车。

警示二：驾驶员在患有疾病或服用药物期间，不得存有任何侥幸心理，要及时向医生询问其副作用，一旦在运行途中感到不适，不得继续驾驶车辆。

警示三：驾驶车辆雨天在下坡弯道行驶，除严格遵守限速规定外，要充分考虑到湿滑路面对行车安全的影响，尤其在弯度小、路面窄的路段，一旦车辆发生侧滑，很难控制局面。要尽量降低车速，缓慢控制转向，安全通过。

警示四：运输企业要加强对替班驾驶员的管理，保证在运车辆驾驶员出现意外情况时能有人及时接替，确保车辆正常安全运行。

21 台风导致的客车行驶方向偏离

——福建省霞浦县"7·14"特大道路交通事故

台风本来是一种不可抗拒的自然灾害，作为驾驶员一般没有应对台风的实际驾驶经验，在台风到来前运输企业一般都会采取必要的停运措施进行防范。驾驶员在运行途中一旦遇到台风，面对恶化的道路交通条件和行车环境，缺乏应对知识，很容易操作失控，引发交通事故。对于客运驾驶员来说，掌握一些台风环境下的安全驾驶知识，在遇到台风时采取必要的、正确的保护措施，是十分必要的。

福建省宁德市霞浦县，是闽东最古老的县份，被誉"中国海带之乡"、"中国紫菜之乡"，素有"海滨邹鲁"之称。2006年7月14日，第四号台风"碧利斯"即将正向登陆霞浦县正面，霞浦县出现阵雨（强度中等），沿海风力达5~6级（10~12米/秒）。同三线福宁高速公路霞浦段，路面上风雨交加，一辆福建籍大客车，实载28人（核载44人）冒雨从福鼎开往福州。8时45分左右，客车途经同三线（闽）A道67公里+180米处时，在强横向风的作用下，车辆向右侧偏驶，当驾驶员采取制动及向左转向措施时，由于车速过快、路面积水、轮胎与地面附着系数低，再加上后轮轮胎胎面局部磨损严重，大客车方向失控，与右边防护栏摩擦几十米后，冲过防护栏后翻下道路护坡，大多数乘客被甩出车外，造成9人当场死亡、

1人经抢救无效死亡、18受伤（重伤1人）的特大道路交通事故。

客车驾驶员明知"碧利斯"台风正要登陆，在风大、雨大、路面水滑、车辆抗侧滑能力低的情况下，通过有横风路段，未能控制好车速，当车辆受横风影响时，措施不当，违反了：①《道路交通安全法》第二十一条"驾驶人驾驶机动车上道路行驶前，应当对机动车的安全技术性能进行认真检查；不得驾驶安全设施不全或者机件不符合技术标准等具有安全隐患的机动车"。②《道路交通安全法》第二十二条"机动车驾驶人应当遵守道路交通安全法律、法规的规定，按照操作规范安全驾驶、文明驾驶"。客车驾驶员对事故发生负直接责任，被移交司法机关追究刑事责任。

该客车所在集团的总经理、企业经理和副经理、分公司经理，高速公路路政中队负责人，高速交警支队两个大队的大队长，交通局运管所所长和副所长等14人对事故负主要领导责任，分别受到党纪政纪处分。大客车承包经营人、轮胎管理员、安检员3人，受到严重处罚。

一般台风到来都是风雨交加，对于没有台风天气行车经验的驾驶员来

道路运输事故典型案例评析（一）

说，道路条件和行车环境带来的安全隐患极大，很容易出现操作失控，发生交通事故。

事故评析一

客车驾驶员明知台风正在登陆，自己又没有在台风中行车的经验，冒险驾驶客车上路运行，是在台风中驾驶操作失控的重要因素之一。驾驶员如果知道台风到来，延缓或放弃这次运输任务，或者具有应对台风的行车经验，就不会因台风发生事故。

事故评析二

客车通过肇事路段时，时值台风正面登陆，路上风雨交加，在横向风的作用下，车辆向右侧偏驶，驾驶员采取了制动及向左转向措施，由于路

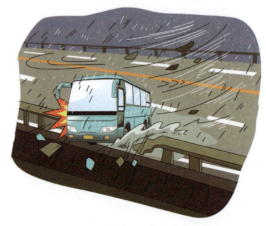

面积水形成水膜，发生"水滑"现象，车辆在向左侧道路变道过程中，驾驶员向右过度转动转向盘并踩制动踏板，致使车辆失控，撞击右侧防护栏后冲出路外，翻下公路护坡酿成事故。如果驾驶员有应对横风的驾驶经验，不向右过度转动方向并制动，就不会出现车辆失控的情况。

小知识：如何避免"水滑"现象？◀◀◀

雨天尤其是大雨天行车时，随着车速的增加，轮胎与路面之间易形成水膜，使轮胎悬浮，而发生"水滑"现象。雨天高速行车，为避免发生"水滑"现象而造成方向失控，应控制行驶速度，保持较低的车速。发生"水滑"现象时，不要急踩制动踏板或转动转向盘，应握稳转向盘，逐渐松抬加速踏板，让车速逐渐减缓，待"水滑"消失后，再缓缓前行。切记千万不要迅速转向或急踩制动踏板减速。

事故评析三

客车右后轮胎胎面局部磨损严重，轮胎与地面附着系数低，由于路面积雨有水膜，使车辆的抗侧滑能力下降，加上驾驶员采取措施不当，是车辆失控的一个重要因素。如果客车右后轮胎面符合技术要求，驾驶员在采取制动时可能后轮就不会侧滑，车辆就不会失控。

道路运输事故典型案例评析（一）

事故评析四

驾驶员在路面条件和天气环境变差、轮胎与路面间有水膜、车辆抗侧滑能力下降的情况下，驾驶客车通过有横风路段，未能控制好车速，当车辆受横风影响时，处置不当，是引起事故的直接原因。驾驶员如果在大雨天降低车速，就能自如应对突如其来的大风大雨，横风的影响会大大降低。

小知识：横风的影响与应对 ◀◀◀

台风天气驾驶车辆通过高速公路跨江、河、湖、海桥梁或山涧等特殊地形时，往往会遇到横风的影响。由于大型客车整体重心较高，侧向面积较大，受横风的影响更大，且随车速的提高横风的影响加剧，高速行驶的大客车受到横风作用时，往往容易诱发车祸。驾驶大客车遭遇横风时，双手要紧握转向盘，稍微向逆风方向修正，并缓踩制动踏板，逐渐减速，不能迅速向逆风方向转向。此外，台风天气要注意气象预报，掌握风力、风向信息，以防行车中遇到强风侵袭。

对于很多驾驶员来说台风是陌生的，更谈不上有在台风中驾驶客车的经验，一旦遇上台风很难从容应对。如果在台风袭来时不驾驶客车上路运

台风导致的客车行驶方向偏离

行，就不会对行车安全构成威胁。认真分析此次道路交通事故的原因，可以认定是一起对自然灾害影响估计不足而导致的安全生产责任事故。

运输企业没有认真落实安全生产责任制和安全生产管理制度，没有严格执行安全行车的规定，对本企业的承包经营人和驾驶员宣传教育、日常管理、监督检查力度不够，承包经营的客运车辆未能及时更换磨损严重的车胎以保持良好车况，是导致事故的间接原因。

⚠ 事故警示

警示一：驾驶员在出车前，要注意气象预报，仔细了解天气情况，遇到台风等容易影响行车安全的自然灾害后，要正确选择出行时间。没有应对自然灾害的经验，不要盲目驾车行驶，以免因气象条件恶劣无法应对而导致事故的发生。

警示二：雨天驾驶客车在高速公路高速行驶，轮胎与路面之间易形成水膜，使轮胎悬浮，发生"水滑"现象。一旦发生"水滑"现象，如果处理不当，会造成车辆失控，从而导致侧滑或倾翻事故。

警示三：雨天行车，应降低车速，尽量避开易积水的凹地行驶，特别是在弯道和斜坡路段要尽量减速，防止发生"水滑"现象。一旦出现"水滑"现象，不要慌张地转向、制动，两手要紧握转向盘，利用发动机牵阻作用制动，并冷静地缓慢减速，使轮胎与地面的摩擦作用恢复。

警示四：轮胎是汽车行驶系的重要部件，轮胎的安全性直接影响行车安全。雨雪天行车，如果轮胎胎面磨损严重，车辆容易侧滑或失控。高速公路行车，轮胎的安全尤其重要，使用不合格或磨损严重的轮胎，容易发生爆胎事故，影响行车安全。

道路运输事故 典型案例评析（一）

22 客车装运危险物品酿成的火灾

——河南京港澳高速公路"7·22"过境车重特大道路交通事故

黑夜中刺眼的火光直冲云天，悲惨的呼救声划破长空，一辆双层卧铺大客车在熊熊燃烧。客车突然爆燃起火，进入梦乡的乘客瞬间离开了人世。驾驶员车厢内违法装载易燃危险化学品，酿成了一场惊人的严重火灾事故。残不忍睹的事故现场、来不及反应就逝去的无辜生命，让人触目惊心。

2011年7月21日夜间，一辆从山东威海开往湖南长沙的山东籍双层卧铺大客车，从威海出发，直接来到事先约定好的地点，装运15箱"特殊"货物，装车时，由于客车的行李厢已满，驾驶员将这15箱货物携带至车厢内，直接放在了车厢的最后端位置上。

客车在夜幕中一路沿途载客运行，到菏泽座位已经满了，六位乘客从菏泽上车，其中一位乘客和朋友的孩子只好躺在过道里，其余人也都各自找地方躺下，乘客都渐渐进入梦乡。7月22日凌晨4时左右，这辆乘载47人（核载35人）严重超载的双层卧铺大客车行驶到京珠高速公路938公里+200米处，突然发出"砰"的一声，爆燃起火，熊熊火焰和浓烟弥漫在黑夜中，大多数乘客没有来得及反应，瞬间就被大火夺去了生命，事故造成41人死亡，6人受伤，车上47人无一幸免。

客车装运危险物品酿成的火灾

事后查明,15箱"特殊"货物是偶氮二异庚腈。托运人在明知偶氮二异庚腈属于易燃、易爆、有毒危险化学品的情况下,隐瞒货物性质,通过公路营运客车托运没有危险品标识且运输条件不符合标准的偶氮二异庚腈,违反了《危险化学品安全管理条例》的有关规定。卧铺客车驾驶员在营运过程中,站外上客、上货,车厢内客货混装,违反了:①《道路交通安全法》第四十九条"机动车载人不得超过核定的人数,客运机动车不得违反规定载货"。②《道路运输条例》第三十五条"道路运输车辆运输旅客的,不得超过核定的人数,不得违反规定载货"。卧铺客车驾驶员将危险品装载在车厢内,在运输过程中,偶氮二异庚腈在堆放挤压、摩擦、后置式发动机放热等因素综合作用下受热分解,发生爆燃,最终导致事故发生。根据《道路交通安全法》第一百零一条"违反道路交通安全法律、法规的规定,发生重大交通事故,构成犯罪的,依法追究刑事责任"的规定,托运人涉嫌交通肇事罪,被移交司法机关依法追究刑事责任。涉案的六名犯罪嫌疑人和相关人员也将受到法律制裁。

小知识:偶氮二异庚腈的性质

偶氮二异庚腈是一种油溶性偶氮引发剂,溶于甲醇、甲苯和丙酮等有机溶剂,不溶于水。偶氮引发剂的分解几乎全部为一级反应,只形成一种自由基,没有副反应,因此被广泛应用于工业生产和科学研究。偶氮引发剂性质稳定,便于存储和运输。但是运输途中需要冷藏,并防止剧烈摩擦、碰撞,以免发生爆炸。

道路运输事故典型案例评析(一)

驾驶员知道客车上严禁携带危险化学品,可是却因检查不严,将未标名称的危险化学品装运进车厢,对全车乘客的生命安全构成了巨大威胁。

小知识:常见危险化学品

类 别	常见危险化学品名称
爆炸品	炸药、烟花爆竹等
易燃气体	氧气、氢气、天然石油气、石油液化气、打火机填充气体等
易燃液体	乙醇(酒精)、苯、油漆、涂料等
易燃固体	火柴、油纸、油布、碳化钙(电石)等
氧化性物质	过氧化氢(双氧水)、次氯酸钙(漂白类物质)等
毒性物质和感染性物质	生漆、农药(有机磷、灭鼠药等)等
放射性物质	含铀等放射性元素的矿石及浓缩物等
腐蚀性物质	硫酸、盐酸、硝酸、过氧化钠、甲醛及其水溶液(福尔马林等)等

事故评析一

危险化学品因其自身的物质特性和化学成分存在极强的危险性,使得其存储、运输也须有特殊的方式,否则极易因危险化学品泄露、爆炸、燃烧导致人民生命财产受到损失。《危险化学品安全管理条例》(2002年国务院令第344号)第三十八条规定"通过公路运输危险化学品,托运人只能委托有危险化学品运输资质的企业承运"。第四十一条规定"托运人托运危险化学品,应当向承运人说明运输的危险化学品的品名、数量、危害、应急措施等情况"。托运人如果不隐瞒货物性质,危险化学品就不会被带上客车,事故就不会发生。

客车装运危险物品酿成的火灾

事故评析二

引发这起客车燃烧事故的 15 箱易燃化工产品，是从生产厂家直接被非法运送到事先约好的地点，因客车行李厢已满，驾驶员没有检查托运的是什么货物就直接携带到车厢内，而且还放到了车尾部发动机罩的上端，因温度过高，引发爆燃起火事故。驾驶员如果开箱检查这些未标名称的货物，就可能不会将危险品带上客车。杜绝乘客携带危险品上车，这既是客车驾驶员的义务又是责任。

事故评析三

客车长期不进站，站外揽客，核载 35 人，实载 47 人，造成客车严重超员，从而加重了事故后果。该客车 4 月份以来连续营运 30 车次，有 11 车次未按规定进站，在站外非法揽客，中途随意停车载客，说明客车经营者和驾驶员存在严重的习惯性违法问题。

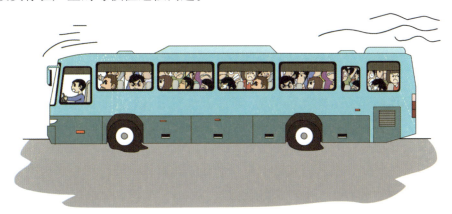

事故评析四

非法从生产厂家直接运来的易燃化工产品，包装上也未标明货物名称，从购买到运送，根本就没有任何审批手续，也并非仅此一次，安全问题长期存在。该客车没有固定的配货地点，驾驶员长期非法载运货物，多次运输无名称货物，为事故发生埋下了隐患。客车驾驶员如果仔细检查外包装

道路运输事故典型案例评析（一）

没有名称的货物，及时发现托运的危险品，杜绝这批货物上车，就不会酿成这起严重事故。

客车严禁携带危险化工产品，而该客车驾驶员不顾乘客的生命安危，冒险将15箱不明货物带上严重超员客车，从驾驶员的行为可以看出，此次事故的发生不是偶然的，多方面原因造成了驾驶员无视法律，长期存在违法行为。

相关部门对危险品运输安全管理不到位，制度形同虚设，没有在危险品源头审批、危险品生产企业管理、危险品道路运输等环节上形成严密的闭环管理，没有及时发现存在的严重隐患和突出问题，是导致事故发生的一个重要因素。

客运企业内部安全管理混乱，肇事客车长期由私人承包经营，非法组织客源，将客运场站内购票乘客先用中型客车运送至中途非法停靠点，再转运至卧铺客车上超员经营，已经形成了一套非法营运的产业链。客车上虽然装有卫星定位装置，但客运企业和场站对事故车多次站外非法揽客、中途随意停车载客和车辆严重超员行为，没有采取任何管理措施，放任自流，是造成事故的重要原因之一。

⚠️ 事故警示

警示一：客运驾驶员要有良好的职业道德，时刻不忘乘客的生命财产安全，严格遵章守法，安全运输，坚决杜绝站外揽客、中途上下客、超员运输等非法行为。对乘客携带的货物必须按规

客车装运危险物品酿成的火灾

定进行检查，严禁客货混装。

警示二：客运驾驶员要具备法律知识和危险品常识，提升安全意识，充分认识到携带危险品上车的严重危害性，绝不能让乘客将危险品带上客车。

警示三：客车受理托运货物或乘客随身携带的物品，必须通过客运站安全检查，防止乘客携带危险化学品。托运货物由专人办理托运手续，严禁客车驾驶员途中私自揽货，装载上车。

警示四：运输企业要落实责任，加强对驾驶员的安全教育和业务培训，对私人承包经营的客车更要加大管理力度，确保客车卫星定位装置正常运行，监控和管理同时到位，防止失控漏管。